DAS KOMPLETTE HANDBUCH DES DÖRRENS

100 REZEPTE ZUM DÖRREN VON GEMÜSE, FLEISCH, OBST UND MEHR

Marie Schröder

Alle Rechte vorbehalten.

Haftungsausschluss

Die in diesem eBook enthaltenen Informationen sollen als umfassende Sammlung von Strategien dienen, die der Autor dieses eBooks erforscht hat. Zusammenfassungen, Strategien, Tipps und Tricks werden nur vom Autor empfohlen, und das Lesen dieses eBooks garantiert nicht, dass die eigenen Ergebnisse genau die Ergebnisse des Autors widerspiegeln. Der Autor des eBooks hat alle zumutbaren Anstrengungen unternommen, um aktuelle und genaue Informationen für die Leser des eBooks bereitzustellen. Der Autor und seine Mitarbeiter haften nicht für unbeabsichtigte Fehler oder Auslassungen, die möglicherweise gefunden werden. Das Material im eBook kann Informationen von Dritten enthalten. Materialien von Drittanbietern enthalten Meinungen, die von ihren Eigentümern geäußert werden. Daher übernimmt der Autor des eBooks keine Verantwortung oder Haftung für Materialien oder Meinungen Dritter.

Das eBook ist urheberrechtlich geschützt © 2022 mit allen Rechten vorbehalten. Es ist illegal, dieses eBook ganz oder teilweise weiterzuverbreiten, zu kopieren oder daraus abgeleitete Werke zu erstellen. Kein Teil dieses Berichts darf ohne die ausdrückliche und unterzeichnete schriftliche Genehmigung des Autors in irgendeiner Form vervielfältigt oder weiterverbreitet werden.

INHALTSVERZEICHNIS

INHALTSVERZEICHNIS..3
EINLEITUNG...8
SIRUPE & GELEE..10
   1. Heidelbeer-Basilikum-Sirup..11
   2. Pektin mit Zitrusmark..14
   3. Rosa Grapefruitgelee...17
SAUCEN & DRESSINGS..19
   4. Mit Ingwer und Zitrone angereicherter Honig.............20
   5. Honig-Pfirsich-BBQ-Sauce..23
   6. Gewürzte Birnenbutter aus dem Slow Cooker............26
   7. Hausgemachte geröstete Erdnussbutter.....................29
   8. Cremiges Gurkensalat-Dressing...................................31
PULVERIERTES GEMÜSE...33
   9. Tomatenpulver..34
   10. Süsskartoffelpulver..36
   11. Sellerie Salz...39
   12. Grüne Pulvermischung..41
DEHYDRIERTE FRÜCHTE..43
   13. Kokosraspeln..44
   14. Kokosnussmehl..46
   15. Erdbeer-Bananen-Rollen...49
   16. Zimt-Apfel-Leder..52
   17. Kürbiskuchen-Leder...55
   18. Pizzamischung Tomatenleder....................................58

19. Gemischtes pflanzliches Leder 60
20. Tomaten-Wraps 63

WÜRZMISCHUNGEN 65

21. Cajun-Gewürzmischung 66
22. Gewürzmischung für Steaks 68
23. Pizza-Gewürzmischung 70
24. Kreolische Gewürzmischung 72
25. Kräuterwürze 74
26. Äthiopische Kräutermischung (Berbere) 76
27. Kräutersalat-Dressing-Mischung 79
28. Gemischter Kräuteressig 82
29. Gemischtes Kräuterpesto 84
30. Senf-Kräuter-Marinade 86
31. Kräuter-Dessert-Sauce 88
32. Zitrus-Kräuter-Dressing 90
33. Dressing mit Hüttenkräutern 92
34. Kräutermischung der Provence 94
35. Kräuter-Öl-Marinade 96
36. Einfache Kräuteressig 98
37. Sauerampfer-Schnittlauch-Pesto 100
38. Gurken-Kräuter-Dressing 103
39. Kräuter-Pekannuss-Rub 105
40. Würziges Kräuter-Dressing 107
41. Knoblauch-Zitronen-Kräuter-Rub 109
42. Dolce Latté Kräuterdip 111
43. Französische Kräutermischung 114
44. Kräuter- und Gewürzbutter 116
45. Kräuter-Gemüse-Dressing 118
46. Speck-, Tomaten- und Kräuterdip 120
47. Knoblauch-Kräuteraufstrich 122
48. Chevre mit Kräuteraufstrich 124

RINDFLEISCH **126**

    49. Mein klassisches Beef Jerky 127
    50. Rindersteak Jerky 130

SUPPE **133**

    51. Blumenkohlsuppe 134
    52. Spargelsuppe 137
    53. Thermos-Gemüsesuppe 140

DEHYDRIERTE CHIPS **143**

    54. Süsskartoffelchips 144
    55. Grünkohlchips 146
    56. Zucchini Chips 148
    57. Dehydrierte Kühlschrankgurken 151
    58. Prosciutto-Chips 154
    59. Rübenchips 156
    60. Gerstenchips 158
    61. Cheddar-Mexi-Melt-Chips 161
    62. Peperoni-Chips 163
    63. Engel Chips 165
    64. Chips-Saté mit Hähnchenhaut 167
    65. Hühnerhaut mit Avocado 170
    66. Parmesan-Gemüse-Chips 172
    67. Kürbiskuchen-Kokos-Chips 174
    68. Hähnchenhautchips alfredo 176

GEMÜSE **178**

    69. Süsskartoffel-Kokosmehl-Pfannkuchen 179
    70. Gefüllte Kohlrouladen aus dem Slow Cooker 182
    71. Sautierter Winterkürbis mit Äpfeln 185
    72. Dehydrierte Winterkürbisnester 188
    73. Knoblauchkreolisch gewürzte Kürbisnester 190

- 74. Fajita-Bohnen und Reis..................193
- 75. Blumenkohl-Pizzakruste mit Reis..................196
- 76. Hash Brown Mix in einem Glas..................199
- 77. Schneller brauner Reis..................202
- 78. Schnelle Kochbohnen..................204
- 79. Gebackene Bohnen von Mrs. B..................206
- 80. Mexikanischer Fiesta-Auflauf..................208

GETRÄNK..................211

- 81. Hagebutten-Minze-Tee..................212
- 82. Orangen-Minze-Tee-Mischung..................214
- 83. Zitronenverbene Sonnentee..................216
- 84. Limonade mit dehydrierten Zitrusfrüchten..................218

DESSERT..................220

- 85. Apfel-Crisp mit Hafer-Topping..................221
- 86. Fettarmer Ananaskuchen..................224
- 87. Kandierter Ingwer..................227
- 88. Haferflocken-Feigen-Kekse..................230

MARINADEN..................233

- 89. Knoblauch-Ranch-Dressing..................234
- 90. Dressing mit roten Zwiebeln und Koriander..................236
- 91. Dilly-Ranch-Sahne-Dressing..................238
- 92. Heisses Cha-Cha-Dressing..................240
- 93. Vinaigrette nach Cajun-Art..................242
- 94. Senf-Vinaigrette..................244
- 95. Ingwer-Pfeffer-Vinaigrette..................246
- 96. Zitrus-Vinaigrette..................248
- 97. Weisser Pfeffer und Nelken-Rub..................250
- 98. Chili-Dry-Rub..................252
- 99. Bourbon-Gewürzmischung..................254
- 100. Einfache Kräuteressig..................256

FAZIT..258

EINLEITUNG

Während des Mittelalters bauten die Menschen in Europa Räume als Erweiterung von Brennereien, die speziell dafür ausgelegt waren, Lebensmittel durch die Hitze eines Innenfeuers zu dehydrieren. Essen wurde quer durch den Raum aufgereiht, geräuchert und getrocknet. Der Mangel an Sonnenlicht und die trockenen Tage machten es unmöglich, Lebensmittel im Freien zu trocknen, und diese Spezialhäuser lösten das Problem für Menschen, die in einem kühlen, nassen Klima lebten.

Mitte des 18. Jahrhunderts wurde ein Verfahren entwickelt, mit dem Gemüse bei 105 °F getrocknet und zu Kuchen gepresst werden konnte. Dieses getrocknete Gemüse war eine willkommene Nahrungsquelle für Seeleute, die auf langen Reisen ohne frische Nahrung litten. Während des Zweiten Weltkriegs verwendeten Soldaten dehydrierte Lebensmittel als leichte Rationen, während sie auf dem Schlachtfeld dienten. Wir kennen diese heute als „Essensfertige Mahlzeiten" (MREs). Nach dem Krieg beeilten sich Hausfrauen nicht, dieses kompakte, aber oft geschmacklose Essen in ihre tägliche Kochroutine aufzunehmen, und getrocknete Lebensmittel gerieten in Ungnade.

Als Prepper, der auch Gärtner ist, möchte ich meine Speisekammerzubereitungen über Bohnen, Reis, Weizen und Eipulver hinausführen. Das Dehydrieren meiner Gartenprämie füllt die Lücke, die Lebensmittel hinterlassen, die nicht in Dosen eingemacht werden können, und einen Gefrierschrank, der anfällig für Stromausfälle ist. Eine saubere Wasserquelle und ein Feuer sind die einzigen Dinge, die zwischen meiner Familie und einer warmen Mahlzeit stehen, die mit dehydrierten Zutaten zubereitet wird.

Dieses Buch ist nicht nur für erfahrene Gärtner, gewissenhafte Vorbereiter und erfahrene Bewahrer. Es ist für alle, die frische Lebensmittel lieben und selbst Hand anlegen möchten, wie sie haltbar gemacht werden. Um dem aktiven Lebensstil von heute gerecht zu werden, muss das Dehydrieren problemlos in Ihre tägliche Routine passen, so wenig Zeit wie möglich in Anspruch nehmen und ein Minimum an Vorbereitungszeit erfordern. Durch die Kombination von Großeinkäufen mit gestaffelten Konservierungssitzungen sowie einem effizienten Dörrgerät können Sie Lebensmittel für den täglichen Gebrauch trocknen.

SIRUPE & GELEE

1. Heidelbeer-Basilikum-Sirup

Ausbeute: 3 Tassen

Vorbereitungszeit: 10 Minuten

Kochzeit: 10 Minuten

ZUTATEN

2 Tassen dehydrierte Blaubeeren

2 Tassen Zucker

$\frac{1}{4}$ Tasse getrocknete Basilikumblätter

$\frac{1}{8}$ Teelöffel Ascorbinsäure

RICHTUNGEN

1. Um Blaubeersaft herzustellen, kochen Sie die dehydrierten Blaubeeren in $2\frac{1}{2}$ Tassen Wasser in einer nicht reaktiven Pfanne. Zum Kochen bringen und 10 Minuten köcheln lassen, dabei die Früchte umrühren und zerdrücken. Durch ein Sieb passieren, um die Beeren zu entfernen. Beeren beiseite stellen.

2. Kombinieren Sie Blaubeersaft, Zucker und Basilikumblätter in einem Topf und bringen Sie alles zum Kochen. Hitze reduzieren und 5 Minuten köcheln lassen. Schaum abschöpfen.

3. Den Topf vom Herd nehmen und die Basilikumblätter abseihen.

4. Optional, wenn Sie Blaubeerstücke in Ihrem Sirup mögen, geben Sie den abgesiebten Sirup in den Topf zurück und fügen Sie die Beeren hinzu. 2 Minuten köcheln lassen.

5. Topf vom Herd nehmen und Ascorbinsäure hinzugeben. Zum Kombinieren umrühren.

6. Den fertigen Sirup in sterilisierte Gläser füllen, verschließen und beschriften. Dieser Sirup kann sofort verwendet oder in Bügelflaschen bis zu einem Jahr mit hinzugefügter Ascorbinsäure oder 6 Monate ohne Ascorbinsäure gelagert werden. Die Reduzierung des Zuckergehalts verkürzt die Haltbarkeit. Angebrochene Flaschen können bis zu 2 Wochen im Kühlschrank aufbewahrt werden.

2. Pektin mit Zitrusmark

Ausbeute: 2 Tassen

Vorbereitungszeit: 5 Minuten

Garzeit: 20 Minuten plus Ruhezeit

ZUTATEN

½ Pfund Zitrusmark und Samen

¼ Tasse Zitrussaft, wie Zitrone

RICHTUNGEN

1. Verwenden Sie einen Gemüseschäler, um die Haut von der Frucht zu entfernen. Bewahren Sie die Haut zum Austrocknen auf.

2. Verwenden Sie einen Gemüseschäler, um das Mark zu entfernen. Das Mark hacken und zusammen mit den Kernen beiseite legen.

3. Geben Sie Mark, Samen und Zitrussaft in einen mittelgroßen, nicht reaktiven Topf. Topf eine Stunde stehen lassen.

4. Fügen Sie 2 Tassen Wasser hinzu und lassen Sie es eine weitere Stunde stehen.

5. Bringen Sie die Zutaten des Topfes bei starker Hitze zum Kochen. Hitze reduzieren und 15 Minuten köcheln lassen. Auf Raumtemperatur abkühlen.

6. Mischung in einen Geleebeutel geben und abtropfen lassen. Drücken Sie, um den Saft zu entfernen.

7. Bewahren Sie zusätzliches Pektin im Gefrierschrank auf.

3. Rosa Grapefruitgelee

Ausbeute: 2 Tassen

Vorbereitungszeit: 15 Minuten

Kochzeit: 30 Minuten

ZUTATEN

4 Handvoll dehydrierte rosa Grapefruitschalen oder -scheiben

2 Tassen kaltes Wasser

$1\frac{1}{2}$ Tassen Zucker

RICHTUNGEN

1. Geben Sie Grapefruitschalen oder -ringe in eine große Schüssel und bedecken Sie sie mit kaltem Wasser, bis sie prall sind, etwa 15 Minuten lang. Die Grapefruitflüssigkeit abgießen und aufbewahren.

2. Hacken Sie die rehydrierte Grapefruit in kleine Stücke.

3. Messen Sie $\frac{1}{2}$ Pfund der gehackten Grapefruitstücke ab und geben Sie sie zusammen mit dem beiseitegelegten Wasser und Zucker in einen nicht reaktiven Topf. Fügen Sie bei Bedarf genügend Wasser hinzu, um die Grapefruitstücke zu bedecken. 30 Minuten kochen, bis alles gut gekocht ist.

4. Durch einen Geleebeutel abtropfen lassen. Etwas abkühlen lassen und alle Flüssigkeit auspressen.

SAUCEN & DRESSINGS

4. Mit Ingwer und Zitrone angereicherter Honig

Ausbeute: 1 Tasse

Vorbereitungszeit: 5 Minuten, plus 2 Wochen Wartezeit

ZUTATEN

1 Esslöffel getrockneter Ingwer

1 Teelöffel getrocknete Zitrusschalen

1 Tasse roher, ungefilterter, nicht pasteurisierter Honig, leicht erwärmt

RICHTUNGEN

1. Geben Sie den getrockneten Ingwer und die getrockneten Zitrusfrüchte in eine Kaffeemühle und hacken Sie sie, um die aromatischen Aromen freizusetzen.

2. Legen Sie den Ingwer und die Zitrusfrüchte in einen Teebeutel oder ein Käsetuch und binden Sie es mit einer Schnur zu, damit der Beutel/das Käsetuch geschlossen bleibt. (Es ist fast unmöglich, getrocknete Kräuter aus Honig zu pflücken.)

3. Gießen Sie in einem Pint-Glas drei Viertel des leicht erwärmten Honigs über die Oberseite des Kräuterbeutels. Verwenden Sie ein Essstäbchen oder einen Spieß, um den Honig umzurühren, entfernen Sie Luftblasen und stellen Sie sicher, dass der Kräuterbeutel vollständig befeuchtet ist.

4. Füllen Sie das Glas mit dem restlichen Honig auf. Schrauben Sie den Deckel fest auf. Stellen Sie das Glas vor direkter

Sonneneinstrahlung geschützt an einem Ort auf, an dem Sie den Vorgang überwachen können.

5. Lassen Sie die Aromen 2 Wochen ziehen. Wenn Sie ein Problem damit haben, dass der Gewürzbeutel an die Oberfläche schwimmt, drehen Sie das Glas um. Dadurch bleiben die Aromen unter Wasser und der Honig wird ganz leicht gemischt.

6. Nach 2 Wochen den Teebeutel entfernen und den Honig bis zu einem Jahr in der Vorratskammer aufbewahren.

5. Honig-Pfirsich-BBQ-Sauce

Ausbeute: 1 Tasse

Vorbereitungszeit: 30 Minuten

Kochzeit: 20 Minuten

ZUTATEN

16 Scheiben dehydrierte Pfirsiche oder 1 Tasse frisch geschnittene Pfirsiche

2 Teelöffel Olivenöl

1 Tasse gehackte Zwiebel

1 Teelöffel Salz

1 Teelöffel Chipotle-Pulver

$\frac{1}{4}$ Teelöffel gemahlener Kreuzkümmel

Prise Piment

$\frac{1}{4}$ Tasse Honig

4 Teelöffel Apfelessig

RICHTUNGEN

1. Pfirsiche in eine große Schüssel geben, mit warmem Wasser bedecken und 30 Minuten einweichen. Einweichflüssigkeit abgießen und wegwerfen. Die rehydrierten Pfirsiche grob hacken. und beiseite stellen.

2. Den Boden eines mittelgroßen Topfes mit Olivenöl bestreichen. Zwiebeln bei mittlerer Hitze hinzufügen und 5 Minuten kochen, bis sie weich sind und anfangen zu bräunen.

3. Fügen Sie Salz, Chipotle, Kreuzkümmel und Piment hinzu und kochen Sie etwa 30 Sekunden lang, bis die Gewürze duften.

4. Fügen Sie rehydrierte Pfirsiche, Honig und Essig hinzu und rühren Sie um, um sie zu beschichten.

5. Decken Sie den Topf ab, erhöhen Sie die Hitze auf mittelhoch und kochen Sie, bis die Pfirsiche vollständig weich sind und zerfallen, 15 Minuten lang.

6. Zum Pürieren in einen Mixer geben oder einen Pürierstab verwenden. Fügen Sie zusätzlichen Apfelessig für eine dünnere Sauce hinzu.

6. Gewürzte Birnenbutter aus dem Slow Cooker

Ausbeute: 3 Tassen

Vorbereitungszeit: 1 Stunde

Kochzeit: 4 bis 8 Stunden

ZUTATEN

1 Pfund dehydrierte Birnenabschnitte

¼ Tasse brauner Zucker

1 Esslöffel Zimt

1 Teelöffel gemahlener Ingwer

½ Teelöffel gemahlene Muskatnuss

RICHTUNGEN

1. Geben Sie die dehydrierten Birnen in einen Schongarer und fügen Sie genügend Wasser hinzu, um die Früchte zu bedecken. Ohne Deckel 1 Stunde auf niedriger Stufe kochen, bis die Birnen rehydrieren.

2. Die restlichen Zutaten in den Slow Cooker geben, umrühren und abdecken.

3. 4 Stunden auf hoher Stufe oder 6 bis 8 Stunden auf niedriger Stufe garen.

4. Verwenden Sie einen Stabmixer, um die Mischung zu pürieren, oder geben Sie sie in einen Mixer und mischen Sie sie in kleinen Chargen.

5. Im Kühlschrank bis zu 3 Wochen lagern.

7. Hausgemachte geröstete Erdnussbutter

Ausbeute: ½ Tasse

Vorbereitungszeit: 20 Minuten

Kochzeit: 5 Minuten

ZUTATEN

2 Tassen dehydrierte Erdnüsse

Honig, nach Geschmack

RICHTUNGEN

1. Backofen auf 300 ° F vorheizen.

2. Verbreiten Sie Erdnüsse nicht mehr als ½ Zoll dick auf einem Backblech. 20 Minuten braten. Wenn sie richtig geröstet sind, werden sie leicht gebräunt und haben den Geschmack von Erdnüssen, nussig und angenehm, nicht wie eine Bohne.

3. Die gerösteten Erdnüsse in einer Küchenmaschine mahlen, bis sich Butter bildet, etwa 5 Minuten lang. Kratzen Sie die Seiten ab und fügen Sie Honig nach Geschmack hinzu, verarbeiten Sie eine weitere Minute, bis es die gewünschte Konsistenz erreicht. Zusätzliches Pflanzen- oder Erdnussöl kann hinzugefügt werden, wenn Sie dünnere Erdnussbutter wünschen.

8. Cremiges Gurkensalat-Dressing

Ausbeute: 2 Tassen

Vorbereitungszeit: 15 Minuten

ZUTATEN

1 Tasse dehydrierte Gurkenchips

½ Tasse dehydrierte Frühlingszwiebeln

½ Teelöffel getrockneter Knoblauch

¾ Tasse leichte Sauerrahm

1 Esslöffel leichte Mayonnaise

1 Esslöffel Zitronensaft

1 Teelöffel getrocknetes Dillkraut, Basilikum oder Petersilie

RICHTUNGEN

1. Gurkenchips und Zwiebeln in eine große Schüssel geben, mit kaltem Wasser bedecken und 15 Minuten einweichen. Einweichflüssigkeit abgießen und wegwerfen.

2. Das rehydrierte Gemüse und die restlichen Zutaten in einem Mixer oder einer kleinen Küchenmaschine glatt pürieren.

3. Fügen Sie einen Schuss Milch hinzu, wenn das Dressing verdünnt werden muss.

PULVERIERTES GEMÜSE

9. Tomatenpulver

Ausbeute: ⅔ Tasse

Vorbereitungszeit: 5 Minuten

ZUTATEN

1 Tasse getrocknete Tomaten, geteilt

RICHTUNGEN

1. Mahlen Sie dehydrierte Tomaten in ¼-Tassen-Chargen in einer Küchenmaschine, einem Mixer oder einer Kaffeemühle, bis die Tomaten Pulverform annehmen.

2. In ein Sieb geben und die Stücke mit einem Spatel hin und her bewegen, bis das Pulver durch das Sieb fällt.

10. Süßkartoffelpulver

Ausbeute: 2 Tassen Brei, ½ Tasse Pulver

Vorbereitungszeit: 60 Minuten

Kochzeit: 5 bis 8 Stunden

ZUTATEN

2 Pfund Süßkartoffeln

RICHTUNGEN

1. Schälen Sie Süßkartoffeln oder lassen Sie die Schale für einen zusätzlichen Nährwert dran. In dünne Streifen schneiden. 10 bis 15 Minuten kochen, bis die Süßkartoffeln weich sind, dann abgießen und Kochflüssigkeit auffangen. Alternativ im Ganzen backen und nach dem Garen Streifen schneiden.

2. Die Süßkartoffeln zu einer glatten Konsistenz pürieren. Eventuell mit Wasser, vorzugsweise Kochflüssigkeit, verdünnen.

3. Verteilen Sie ½ Tasse Kartoffelpüree auf jedem Paraflexx-Blatt, einem mit Plastikfolie ausgelegten Tablett oder auf Fruchtlederblättern. SEHR dünn verteilen.

4. Trocknen bei 135°F für 4 bis 6 Stunden. Wenn die Oberseite trocken ist, drehen Sie die Süßkartoffelblätter um, entfernen Sie die Schalenfolie und trocknen Sie die Unterseite bei Bedarf weitere 1 bis 2 Stunden.

5. Stoppen Sie das Trocknen, wenn die Süßkartoffelblätter knusprig sind und das Produkt zerbröckelt.

6. Zu einem Pulver verarbeiten, indem die dehydrierte Süßkartoffelrinde in einen Mixer oder eine Küchenmaschine gegeben und gemischt wird.

11. Sellerie Salz

Ausbeute: 1 Tasse

Vorbereitungszeit: 5 Minuten

ZUTATEN

½ Tasse getrocknete Selleriestangen und -blätter

½ Tasse koscheres Salz, plus mehr nach Bedarf

RICHTUNGEN

1. Den Sellerie in einer Kaffeemühle oder Küchenmaschine fein mahlen.

2. Fügen Sie das koschere Salz hinzu und verarbeiten Sie es eine Minute lang in kurzen Stößen, bis die Mischung die gewünschte Konsistenz erreicht. Spielen Sie mit dem Verhältnis von Salz und Sellerie herum, um es Ihrem Geschmack anzupassen.

12. Grüne Pulvermischung

Ausbeute: 2 Tassen Pulver

Vorbereitungszeit: 5 Minuten

Kochzeit: 4 bis 8 Stunden

ZUTATEN

6 Tassen frischer Blattspinat

6 Tassen frische Grünkohlblätter

RICHTUNGEN

1. Es ist nicht notwendig, die Gemüseblätter vor dem Dehydrieren zu schneiden; Es empfiehlt sich jedoch, harte Rippen, Stängel und Kerne zu entfernen.

2. Gemüse bei 100°F trocknen und nach 4 Stunden mit der Überprüfung auf Trockenheit beginnen. Je nach Größe der Blätter und deren Dicke kann dies bis zu 8 Stunden dauern.

3. Reiben Sie die Blätter nach dem Trocknen zwischen Ihren Händen, um sie in kleinere Stücke zu zerbrechen. Mahlen Sie die Stücke in einer Küchenmaschine, einem Mixer oder einer Kaffeemühle, bis das Grün Pulverform annimmt. Pulver durch ein Sieb passieren. Größere Stücke erneut mixen, bis alles pulverisiert ist.

DEHYDRIERTE FRÜCHTE

13. Kokosraspeln

Ausbeute: 2 bis 3 Tassen

Vorbereitungszeit: 20 Minuten

Kochzeit: 6 bis 10 Stunden

ZUTATEN

1 kleine frische Kokosnuss, geschält

RICHTUNGEN

1. Ein Loch in die Kokosnuss stechen und die Milch abtropfen lassen.

2. Brechen Sie die Kokosnuss mit einem Hammer entlang der Markierung in der Mitte in zwei Hälften. Entfernen Sie die harte Außenschale.

3. Entfernen Sie die weiche äußere Membran mit einem Gemüseschäler oder einem scharfen Messer.

4. Reiben Sie das frische Kokosnussfleisch auf verschiedene Arten.

5. Trocknen Sie kleine und mittelgroße Schnitzel auf einem Dörrtablett bei 110°F für 6 bis 8 Stunden. Dicke Kokosraspeln können bis zu 10 Stunden dauern, bis sie fertig sind.

14. Kokosnussmehl

Ausbeute: ½ Tasse

Vorbereitungszeit: 5 Minuten

Kochzeit: 2 bis 4 Stunden

ZUTATEN

1 Tasse Kokosraspeln (Seite 96)

2 Tassen Wasser

RICHTUNGEN

1. Geben Sie die Kokosraspeln mit 2 Tassen Wasser in einen Mixer. Auf hoher Stufe verarbeiten, bis die Kokosnuss fein gehackt ist.

2. Die Milch durch einen Geleebeutel passieren; sparen zu trinken.

3. Nehmen Sie das Fruchtfleisch, verteilen Sie es auf einem Dehydrator Paraflexx-Blatt und trocknen Sie es 2 bis 4 Stunden lang bei 110 ° F.

4. Nach dem Trocknen das dehydrierte Fruchtfleisch zu einem feinen Pulver verarbeiten. Dieses Kokosmehl hat weniger Fett und benötigt auch mehr Wasser oder Ei, wenn es in Rezepten verwendet wird.

Variation: Sie können das Wasser weglassen und die Kokosraspeln in kleinen Portionen in einem Mixer verarbeiten, bis sie die Konsistenz eines feinen Pulvers haben. Dieses Mehl hat einen höheren Fettgehalt und trocknet in Rezepten nicht so aus.

15. Erdbeer-Bananen-Rollen

Ergiebigkeit: 3 große Schalen, 24 Rollen

Vorbereitungszeit: 10 Minuten

Kochzeit: 6 bis 8 Stunden

ZUTATEN

2 Pfund Erdbeeren, geschält

3 mittelgroße reife Bananen

Honig (optional)

Wasser oder Fruchtsaft, je nach Bedarf

RICHTUNGEN

1. Die Erdbeeren vierteln und in einen Mixer geben.

2. Brechen Sie Bananen in 2-Zoll-Stücke und geben Sie sie dann in den Mixer.

3. Nach Belieben Honig hinzufügen.

4. Befolgen Sie die Nicht-Koch-Anweisungen für Fruchtleder auf Seite 38 und pürieren Sie die Frucht, bis sie glatt ist. Fügen Sie nach Bedarf Wasser oder Saft in 1-Esslöffel-Schritten hinzu, um die Mischung zu verdünnen.

5. Decken Sie die Dörrtabletts mit einem Fruchtledertablett aus Kunststoff oder einer Plastikfolie ab. Löffeln Sie die

Mischung in gleichen Mengen auf Dörrschalen. Mit Schalenabdeckungen oder Plastikfolie abdecken. Bei 125°F für 6 bis 8 Stunden trocknen.

16. Zimt-Apfel-Leder

Ergiebigkeit: 4 große Schalen, 36 Rollen

Vorbereitungszeit: 40 Minuten

Kochzeit: 6 bis 10 Stunden

ZUTATEN

8 süße Äpfel, geschält und entkernt

1 Tasse Wasser

gemahlener Zimt, nach Geschmack

2 Esslöffel Zitronensaft

Zucker, nach Geschmack (optional)

RICHTUNGEN

1. Äpfel grob hacken. Äpfel und Wasser in einen großen Topf geben. Zugedeckt bei mittlerer Hitze 15 Minuten köcheln lassen.

2. Die Äpfel im Topf zerdrücken, dann Zimt, Zitronensaft und Zucker hinzufügen, falls verwendet. 10 Minuten köcheln lassen.

3. Lassen Sie die Mischung abkühlen und lassen Sie dann kleine Chargen Äpfel durch einen Mixer oder eine Lebensmittelmühle laufen, bis sich ein konsistentes Püree bildet.

4. Bedecken Sie die Dörrschalen mit einer Plastikschale aus Fruchtleder oder Plastikfolie. Verteilen Sie das Püree auf

Dörrschalen, um eine ¼ Zoll dicke Schicht zu bilden. Mit Schalenabdeckungen oder Plastikfolie abdecken. Bei 125°F für 6 bis 10 Stunden trocknen.

17. Kürbiskuchen-Leder

Ergiebigkeit: 3 große Schalen, 24 Rollen

Vorbereitungszeit: 5 bis 20 Minuten bei Verwendung von Kürbiskonserven; 40 bis 60 Minuten für frischen Kürbis

Kochzeit: 8 bis 10 Stunden

ZUTATEN

1 (29 Unzen) Dose Kürbis oder 3 Tassen frischer Kürbis, gekocht und püriert

¼ Tasse Honig

¼ Tasse Apfelmus

2 Teelöffel gemahlener Zimt

½ Teelöffel gemahlene Muskatnuss

½ Teelöffel gemahlene Nelken

½ Teelöffel gemahlener Ingwer

RICHTUNGEN

1. Mischen Sie alle Zutaten in einer großen Schüssel, bis sich ein Püree bildet.

2. Decken Sie die Dörrtabletts mit einem Fruchtledertablett aus Kunststoff oder einer Plastikfolie ab. Verteilen Sie das

Püree auf Dörrschalen, um eine $\frac{1}{4}$ Zoll dicke Schicht zu bilden. Mit Schalenabdeckungen oder Plastikfolie abdecken. Trocknen Sie bei 130°F für 8 bis 10 Stunden.

18. Pizzamischung Tomatenleder

Ergiebigkeit: 2 große Schalen, 16 Rollen

Vorbereitungszeit: 40 Minuten

Kochzeit: 8 bis 12 Stunden

ZUTATEN

1 Pfund Tomaten, entkernt und geviertelt

½ Esslöffel Pizza-Gewürzmischung (optional)

RICHTUNGEN

1. Die Tomaten in einem abgedeckten mittelgroßen Topf bei schwacher Hitze 15 bis 20 Minuten kochen. Vom Herd nehmen und einige Minuten abkühlen lassen.

2. Die gekochten Tomaten in einem Mixer oder einer Küchenmaschine pürieren, bis sie glatt sind. Gewürze hinzufügen, falls verwendet, und pürieren.

3. Das Püree wieder in den Topf geben und erhitzen, bis das Wasser verdampft und die Sauce eingedickt ist.

4. Bedecken Sie die Dörrschalen mit einer Plastikschale aus Fruchtleder oder Plastikfolie. Verteilen Sie das Tomatenpüree auf Dörrschalen, um eine ¼ Zoll dicke Schicht zu bilden. Mit Schalenabdeckungen oder Plastikfolie abdecken. Trocknen Sie bei 135°F für 8 bis 12 Stunden.

19. Gemischtes pflanzliches Leder

Ergiebigkeit: 1 großes Tablett, 8 Rollen

Vorbereitungszeit: 40 Minuten

Kochzeit: 4 bis 8 Stunden

ZUTATEN

2 Tassen Tomaten, entkernt und in Stücke geschnitten

1 kleine Zwiebel, gehackt

$\frac{1}{4}$ Tasse gehackter Sellerie

1 Zweig Basilikum

Salz, nach Geschmack

RICHTUNGEN

1. Kochen Sie alle Zutaten in einem abgedeckten mittelgroßen Topf bei schwacher Hitze 15 bis 20 Minuten lang. Vom Herd nehmen und einige Minuten abkühlen lassen.

2. In einen Mixer geben und glatt pürieren.

3. Das Püree wieder in den Topf geben und erhitzen, bis das Wasser verdampft und die Sauce eingedickt ist.

4. Bedecken Sie die Dörrschalen mit einer Plastikschale aus Fruchtleder oder Plastikfolie. Verteilen Sie das Püree auf Dörrschalen, um eine $\frac{1}{4}$ Zoll dicke Schicht zu bilden. Mit Schalenabdeckungen oder Plastikfolie abdecken. Bei 135°F

trocknen, bis es formbar ist (für einen Wrap), etwa 4 Stunden, oder bis es knusprig ist (zur Verwendung in Suppen und Aufläufen), 6 bis 8 Stunden.

20. Tomaten-Wraps

Ausbeute: 2 große Schalen, 6 Wraps

Vorbereitungszeit: 5 Minuten

Kochzeit: 4 Stunden

ZUTATEN

2 Pfund Tomaten, entkernt und gehackt

Gewürze, nach Geschmack

RICHTUNGEN

1. Pürieren Sie die frischen Tomaten in einem Mixer oder einer Küchenmaschine, bis sie glatt sind.

2. Nach Belieben würzen.

3. Decken Sie die Dörrtabletts mit einem Fruchtledertablett aus Kunststoff oder einer Plastikfolie ab. Verteilen Sie das Püree auf Dörrschalen, um eine $\frac{1}{4}$ Zoll dicke Schicht zu bilden. Mit Schalenabdeckungen oder Plastikfolie abdecken. Bei 125 °F trocknen, bis sie biegsam sind und von den Schalen entfernt werden können, aber nicht knusprig sind, etwa 4 Stunden lang.

WÜRZMISCHUNGEN

21. Cajun-Gewürzmischung

Ausbeute: 1½ Tassen

ZUTATEN

¼ Tasse Knoblauchpulver

¼ Tasse koscheres Salz oder Meersalz

½ Tasse Paprika

2 Esslöffel Pfeffer

2 Esslöffel Zwiebelpulver

2 Esslöffel getrockneter Oregano

1 Esslöffel getrockneter Thymian

1 Esslöffel Cayennepfeffer (optional)

RICHTUNGEN

Mischen Sie alle Zutaten in einem Glas mit genügend Platz, um die Zutaten zu schütteln.

22. Gewürzmischung für Steaks

ZUTATEN

2 Esslöffel grobes Salz

1 Esslöffel Pfeffer

1 Esslöffel Koriander

1 Esslöffel Senfkörner

½ Esslöffel Dillsamen

½ Esslöffel Paprikaflocken

RICHTUNGEN

Zusammen mischen und durch eine Gewürzmühle oder Kaffeemühle laufen lassen, um ein Pulver zu erhalten. Verwenden Sie ½ Esslöffel pro 1½ Pfund Fleisch.

23. Pizza-Gewürzmischung

ZUTATEN

1½ Teelöffel getrocknetes Basilikum

1½ Teelöffel getrockneter Oregano

1½ Teelöffel getrocknete Zwiebel

1½ Teelöffel getrockneter Rosmarin

½ Teelöffel getrockneter Thymian

½ Teelöffel Knoblauchpulver

½ Teelöffel Salz

½ Teelöffel rote Paprikaflocken

RICHTUNGEN

Zusammen mischen und durch eine Gewürzmühle oder Kaffeemühle laufen lassen, um ein Pulver zu erhalten. Verwenden Sie ½ Esslöffel pro Pfund Tomaten.

24. Kreolische Gewürzmischung

Ausbeute: etwa ½ Tasse

ZUTATEN

1 Esslöffel Zwiebelpulver

1 Esslöffel Knoblauchpulver

1 Esslöffel getrocknetes Basilikum

½ Esslöffel getrockneter Thymian

½ Esslöffel schwarzer Pfeffer

½ Esslöffel weißer Pfeffer

½ Esslöffel Cayennepfeffer

2½ Esslöffel Paprika

1½ Esslöffel Salz

RICHTUNGEN

Kombinieren Sie Zwiebelpulver, Knoblauchpulver, getrocknetes Basilikum, getrockneten Thymian, Pfeffer, Paprika und Salz in einer kleinen Schüssel. Gründlich mischen.

25. Kräuterwürze

Ausbeute: 1 Portion

ZUTAT

½ Teelöffel gemahlener scharfer Pfeffer

1 Esslöffel Knoblauchpulver

je 1 Teelöffel getrocknetes Basilikum, getrockneter Majoran, getrockneter Thymian, getrocknete Petersilie,

Getrocknetes Bohnenkraut, Muskatblüte, Zwiebelpulver, frisch gemahlener schwarzer Pfeffer, Salbeipulver.

RICHTUNGEN:

Kombinieren Sie die Zutaten und lagern Sie sie bis zu sechs Monate in einem luftdichten Behälter an einem kühlen, trockenen und dunklen Ort.

26. Äthiopische Kräutermischung (Berbere)

Ausbeute: 1 Portion

ZUTAT

2 Teelöffel ganze Kümmelsamen

Je 4 ganze Nelken

¾ Teelöffel Schwarze Kardamomsamen

½ Teelöffel Ganze schwarze Pfefferkörner

¼ Teelöffel ganzer Piment

1 Teelöffel Bockshornkleesamen

½ Teelöffel Ganze Koriandersamen

10 kleine Getrocknete rote Chilis

½ Teelöffel geriebener Ingwer

¼ Teelöffel Kurkuma

2½ Esslöffel süßer ungarischer Paprika

⅛ Teelöffel Zimt

⅛ Teelöffel gemahlene Nelken

RICHTUNGEN:

Kreuzkümmel, Nelken, Kardamom, Pfefferkörner, Piment, Bockshornklee und Koriander in einer kleinen Pfanne bei schwacher Hitze etwa 2 Minuten unter ständigem Rühren anrösten

Vom Herd nehmen und 5 Minuten abkühlen lassen. Entsorgen Sie die Stiele von Chilis. In einer Gewürzmühle oder mit Mörser und Stößel die gerösteten Gewürze und Chilis fein mahlen.

Restliche Zutaten untermischen.

27. Kräutersalat-Dressing-Mischung

Ausbeute: 1 Portion

ZUTAT

¼ Tasse Petersilienflocken

Je 2 Esslöffel getrockneter Oregano, Basilikum und Majoran, zerbröselt

2 Esslöffel Zucker

1 Esslöffel Fenchelsamen, zerkleinert

1 Esslöffel trockener Senf

1½ Teelöffel Schwarzer Pfeffer

RICHTUNGEN:

Geben Sie alle Zutaten in ein 1-Pint-Glas, decken Sie es fest ab und schütteln Sie es gut, um es zu mischen. Kühl, dunkel und trocken lagern

Für 1 Tasse Kräuter-Vinaigrette-Dressing: In einer kleinen Schüssel 1 Esslöffel Kräutersalat-Dressing-Mischung, ¾ Tasse warmes Wasser, 2½ Esslöffel Estragonessig oder Weißweinessig, 1 Esslöffel Olivenöl und 1 zerdrückte Knoblauchzehe verquirlen.

Probieren Sie und fügen Sie ¼ bis ½ Teelöffel der Kräutersalat-Dressing-Mischung hinzu, wenn Sie einen stärkeren Geschmack wünschen. Vor Gebrauch mindestens 30 Minuten bei Raumtemperatur stehen lassen, dann erneut aufschlagen.

28. Gemischter Kräuteressig

Ausbeute: 1 Portion

Zutat

- 1 Liter Rotweinessig
- 1 Stück Apfelessig
- 2 geschälte, halbierte Knoblauchzehen
- 1 Zweig Estragon
- 1 Zweig Thymian
- 2 Zweige frischer Oregano
- 1 kleiner Stiel Basilikum
- 6 schwarze Pfefferkörner

Richtungen:

Gießen Sie Rotwein und Apfelessig in ein Einmachglas. Knoblauch, Kräuter, Pfefferkörner dazugeben und abdecken. An einem kühlen, sonnengeschützten Ort drei Wochen stehen lassen. Gelegentlich schütteln. In Flaschen füllen und mit Korken verschließen.

29. Gemischtes Kräuterpesto

Ausbeute: 1 Portion

ZUTAT

1 Tasse Verpackte frische glattblättrige Petersilie

½ Tasse verpackte frische Basilikumblätter;

1 Esslöffel frische Thymianblätter

1 Esslöffel frische Rosmarinblätter

1 Esslöffel frische Estragonblätter

½ Tasse Frisch geriebener Parmesan

⅓ Tasse Olivenöl

¼ Tasse Walnüsse; golden geröstet

1 Esslöffel Balsamico-Essig

RICHTUNGEN:

In einer Küchenmaschine alle Zutaten mit Salz und Pfeffer nach Geschmack mixen, bis sie glatt sind. (Pesto hält, Oberfläche mit Frischhaltefolie bedeckt, gekühlt, 1 Woche.)

30. Senf-Kräuter-Marinade

Ausbeute: 1 Portion

ZUTAT

½ Tasse Dijon-Senf

2 Esslöffel trockener Senf

2 Esslöffel Pflanzenöl

¼ Tasse trockener Weißwein

2 Esslöffel getrockneter Estragon

2 Esslöffel getrockneter Thymian

2 Esslöffel getrockneter Salbei, zerkleinert

RICHTUNGEN:

Alle Zutaten in einer Schüssel vermischen. 1 Stunde stehen lassen. Huhn oder Fisch hinzugeben und gut bestreichen. In der Marinade stehen lassen. Mit Küchenpapier trocken tupfen

Verwenden Sie die restliche Marinade, um Fisch oder Hähnchen zu begießen, bevor Sie es vom Grill nehmen.

31. Kräuter-Dessert-Sauce

Ausbeute: 1 Portion

ZUTAT

⅓ Tasse Sahne

¾ Tasse Buttermilch

1 Teelöffel geriebene Zitronenschale

¼ Teelöffel gemahlener Ingwer

⅛ Teelöffel gemahlener Kardamom

¼ Tasse Garam Masala, Piment oder Muskatnuss

RICHTUNGEN:

Die Sahne in einer mittelgroßen, gekühlten Schüssel schlagen, bis sich weiche Spitzen bilden.

Restliche Zutaten in einer kleinen Schüssel vermischen und vorsichtig unter die Creme heben. Die Sauce sollte die Konsistenz dicker Sahne haben.

32. Zitrus-Kräuter-Dressing

Ausbeute: 1 Portion

ZUTAT

½ mittelgroße rote Paprika,

2 mittelgroße Tomaten, zerkleinert

½ Tasse Locker gepackter frischer Basilikum

2 Knoblauchzehen, gehackt

½ Tasse frischer Orangensaft

½ Tasse Lose verpackte frische Petersilie

¼ Tasse Himbeeressig

1 Esslöffel trockener Senf

2 Teelöffel frische Thymianblätter

2 Teelöffel frischer Estragon

2 Teelöffel frischer Oregano

Gemahlener schwarzer Pfeffer

RICHTUNGEN:

Kombinieren Sie alle Zutaten in einem Mixer oder einer Küchenmaschine und pürieren Sie, bis sie püriert sind.

33. Dressing mit Hüttenkräutern

Ausbeute: 6 Portionen

ZUTAT

1 Esslöffel Milch

12 Unzen Hüttenkäse

1 Teelöffel Zitronensaft

1 kleine Zwiebelscheibe – dünn

3 Radieschen – halbiert

1 Teelöffel gemischte Salatkräuter

1 Petersilienzweig

¼ Teelöffel Salz

RICHTUNGEN:

Milch, Hüttenkäse und Zitronensaft in einen Mixbehälter geben und glatt pürieren. Die restlichen Zutaten zur Hüttenkäsemischung geben und pürieren, bis das gesamte Gemüse zerkleinert ist.

34. Kräutermischung der Provence

Ausbeute: 1 Portion

ZUTAT

½ Tasse Getrockneter ganzer Thymian

¼ Tasse Ganzes getrocknetes Basilikum

2 Esslöffel Ganzer getrockneter Oregano

2 Esslöffel Ganzer getrockneter Rosmarin

RICHTUNGEN:

Gewürze gründlich vermischen. In einem luftdichten Behälter aufbewahren

35. Kräuter-Öl-Marinade

Ausbeute: 1 Portion

ZUTAT

Saft und Schale von 1 Orange

¼ Tasse Zitronensaft

¼ Tasse Pflanzenöl

½ Teelöffel Ingwer

½ Teelöffel Salbei

1 Knoblauchzehe, gehackt

Frisch gemahlener Pfeffer

RICHTUNGEN:

Zutaten kombinieren. Lassen Sie das Fleisch in einer flachen Glasschale 4 Stunden im Kühlschrank marinieren. Beim Braten oder Grillen mit Marinade begießen.

36. Einfache Kräuteressig

Ausbeute: 1 Portion

ZUTAT

4 Zweige frischer Rosmarin

RICHTUNGEN:

Um Kräuteressig herzustellen, geben Sie gespülte und getrocknete Kräuter und alle Gewürze in eine sterilisierte 750-ml-Weinflasche und fügen Sie etwa 3 Tassen Essig hinzu und füllen Sie sie bis auf $\frac{1}{4}$ Zoll vom oberen Rand auf. Hören Sie mit einem neuen Korken auf und lassen Sie ihn 2 bis 3 Wochen ziehen. Der Essig ist mindestens 1 Jahr haltbar.

Verwenden Sie mit Rotweinessig: 4 Zweige frische Krausepetersilie, 2 Esslöffel schwarze Pfefferkörner

37. Sauerampfer-Schnittlauch-Pesto

Ausbeute: 1 Portion

ZUTAT

1 Tasse Sauerampfer

4 Esslöffel Schalotten; fein gehackt

4 Esslöffel Pinienkerne; Boden

3 Esslöffel Petersilie; gehackt

3 Esslöffel Schnittlauch; gehackt

Abgeriebene Schale von 4 Orangen

$\frac{1}{4}$ Zwiebeln, rot; gehackt

1 Esslöffel Senf, trocken

1 Teelöffel Salz

1 Teelöffel Pfeffer, schwarz

1 Prise Pfeffer, Cayennepfeffer

$\frac{3}{4}$ Tasse Öl, Olive

RICHTUNGEN:

Sauerampfer, Schalotten, Pinienkerne, Petersilie, Schnittlauch, Orangenschale und Zwiebel in einer Küchenmaschine oder einem Mixer pürieren.

Trockenen Senf, Salz, Pfeffer und Cayennepfeffer hinzufügen und erneut mischen. Das Öl LANGSAM einträufeln, während sich die Klinge bewegt.

In gehärtete Glasgefäße umfüllen.

38. Gurken-Kräuter-Dressing

Ausbeute: 12 Portionen

ZUTAT

½ Tasse Petersilie

1 Esslöffel frischer Dill, gehackt

1 Teelöffel frischer Estragon, gehackt

2 Esslöffel Apfelsaftkonzentrat

1 mittelgroße Gurke, geschält, entkernt

1 Knoblauchzehe, gehackt

2 Frühlingszwiebeln

1½ Teelöffel Weißweinessig

½ Tasse fettarmer Joghurt

¼ Teelöffel Dijon-Senf

RICHTUNGEN:

Alle Zutaten außer Joghurt und Senf im Mixer pürieren. Glatt pürieren, Joghurt und Senf unterrühren. Im Kühlschrank aufbewahren

39. Kräuter-Pekannuss-Rub

Ausbeute: 1 Portion

ZUTAT

½ Tasse Pekannüsse – gebrochen

3 Knoblauchzehen – zerkleinert

½ Tasse frischer Oregano

½ Tasse frischer Thymian

½ Teelöffel Zitronenschale

½ Teelöffel Schwarzer Pfeffer

¼ Teelöffel Salz

¼ Tasse Speiseöl

RICHTUNGEN:

Mischen Sie in einem Mixer oder einer Küchenmaschine alle Zutaten AUSSER Öl.

Decken Sie es ab und mischen Sie es mehrmals, wobei Sie die Seiten abkratzen, bis eine Paste entstehtFormen.

Bei laufender Maschine nach und nach Öl zugeben, bis die Mischung eine Paste bildet.

Auf Fisch oder Hähnchen reiben.

40. Würziges Kräuter-Dressing

Ausbeute: 1

ZUTAT

¾ Tasse weißer Traubensaft; oder Apfelsaft

¼ Tasse Weißweinessig

2 Esslöffel pulverisiertes Fruchtpektin

1 Teelöffel Dijon-Senf

2 Knoblauchzehen; zerquetscht

1 Teelöffel getrocknete Zwiebelflocken

½ Teelöffel getrocknetes Basilikum

½ Teelöffel getrockneter Oregano

¼ Teelöffel schwarzer Pfeffer; grob gemahlen

RICHTUNGEN:

Kombinieren Sie in einer kleinen Schüssel Traubensaft, Essig und Pektin; rühren, bis das Pektin aufgelöst ist. Senf und restliche Zutaten einrühren; gut mischen. Im Kühlschrank aufbewahren

41. Knoblauch-Zitronen-Kräuter-Rub

Ausbeute: 1 Portion

ZUTAT

$\frac{1}{4}$ Tasse Knoblauch; gehackt

$\frac{1}{4}$ Tasse Zitronenschale; gerieben

$\frac{1}{2}$ Tasse Petersilie; frisch, fein gehackt

2 Esslöffel Thymian; frisch gehackt

2 Esslöffel Rosmarin

2 Esslöffel Salbei; frisch, gehackt

$\frac{1}{2}$ Tasse Olivenöl

RICHTUNGEN:

In einer kleinen Schüssel die Zutaten mischen und gut vermischen. Verwenden Sie den Tag, an dem es gemischt wird.

42. Dolce Latté Kräuterdip

Ausbeute: 6 Portionen

ZUTAT

450 Milliliter saure Sahne

150 Gramm Dolce Latte; zerbröselt

1 Esslöffel Zitronensaft

4 Esslöffel Mayonnaise

2 Esslöffel milde Currypaste

1 rote Paprika; gewürfelt

1 50 Gramm Vollfett-Weichkäse; (2 Unzen.)

1 kleine Zwiebel; fein gewürfelt

2 Esslöffel gemischte Kräuter

2 Esslöffel Tomatenpüree

Salz und frisch gemahlener schwarzer Pfeffer

Gemüserohlinge und geschnittenes Fladenbrot

RICHTUNGEN:

Die saure Sahne auf 3 kleine Schüsseln verteilen. In eine Schüssel Dolce Latté und Zitronensaft geben, in die zweite Schüssel 2 Esslöffel Mayonnaise, Currypaste und Paprika geben. In die dritte Schüssel den Vollfett-Weichkäse, die Zwiebel, die Kräuter und das Tomatenpüree geben.

Fügen Sie Gewürze nach Geschmack zu jeder der Schüsseln hinzu und mischen Sie gut. Die Dips auf Teller verteilen und gekühlt mit Gemüserohkost und geschnittenem Fladenbrot servieren.

43. Französische Kräutermischung

Ausbeute: 2 Tassen

ZUTAT

½ Tasse Estragon

½ Tasse Kerbel

2 Esslöffel Salbeiblätter

½ Tasse Thymian

2 Esslöffel Rosmarin

5 Esslöffel Schnittlauch

2 Esslöffel Orangenschale, getrocknet

2 Esslöffel Selleriesamen, gemahlen

RICHTUNGEN:

Schütte alles zusammen und mische, bis es gut vermischt ist. In kleine Gläser füllen und beschriften

Gewürze bei Gebrauch in der Hand zerbröseln.

Messen Sie Gewürze nach Volumen, nicht nach Gewicht, wegen der großen Schwankungen im Feuchtigkeitsgehalt.

44. Kräuter- und Gewürzbutter

Ausbeute: 1 Portion

ZUTAT

8 Esslöffel Butter weich

2 Esslöffel frischer Rosmarin, gehackt

1 Esslöffel frischer Estragon, gehackt

1 Esslöffel Frischer Schnittlauch, gehackt

1 Esslöffel Currypulver

RICHTUNGEN:

Die weiche Butter cremig schlagen. Restliche Zutaten untermischen.

Legen Sie die Butter auf Wachspapier and Mit einem flachen Messer zu einer Rolle formen.

Lassen Sie die Butter mindestens zwei Stunden im Kühlschrank ruhen, damit die Butter das Aroma der Kräuter vollständig aufnimmt.

45. Kräuter-Gemüse-Dressing

Ausbeute: 1 Portion

ZUTAT

½ Teelöffel frische Petersilie

½ Teelöffel frischer Estragon

½ Teelöffel frischer Schnittlauch

½ Teelöffel Frischer Kerbel

3 Esslöffel Weinessig

9 Esslöffel Olivenöl

1 Teelöffel Dijon-Senf

½ Teelöffel Salz

½ Teelöffel Schwarzer Pfeffer

RICHTUNGEN:

Hacken Sie die frischen Kräuter und behalten Sie ein paar Blätter zum Garnieren bei.

Alle Zutaten in eine kleine Rührschüssel geben. Mit einem Schneebesen kräftig schlagen, bis alles gut vermischt ist.

Mit frischen Blättern garnieren und sofort servieren.

46. Speck-, Tomaten- und Kräuterdip

Ausbeute: 1 Portion

ZUTAT

1 Behälter; (16 oz.) saure Sahne

1 Esslöffel Basilikum

1 Esslöffel Beau Monde Gewürz

1 mittelgroße Tomate

8 Scheiben Speck gegart und zerbröselt

RICHTUNGEN:

In einer mittelgroßen Schüssel alle Zutaten verrühren, bis alles gut vermischt ist. Zugedeckt 2 Stunden oder über Nacht kalt stellen.

47. Knoblauch-Kräuteraufstrich

Ausbeute: 8 Portionen

ZUTAT

1 Kopf Knoblauch

4 sonnengetrocknete Tomaten; nicht in Öl verpackt

1 Tasse fettarmer Joghurtkäse

½ Teelöffel Ahornsirup

2 Esslöffel frischer Basilikum; gehackt

½ Teelöffel Paprikaflocken

¼ Teelöffel Meersalz; frisch gemahlen

Laib italienisches Brot; geschnitten; Optional

RICHTUNGEN:

Wickeln Sie den Knoblauchkopf in Alufolie und backen Sie ihn 35 Minuten lang in einem vorgeheizten 375F-Ofen.

Die sonnengetrockneten Tomaten in wenig Wasser zum Kochen bringen. 15 Minuten ruhen lassen und dann auf Küchenpapier abtropfen lassen. Nach dem Trocknen fein hacken.

Kombinieren Sie alle Zutaten außer dem Brot mit einem Schneebesen. Mindestens 30 Minuten ruhen lassen.

48. Chevre mit Kräuteraufstrich

Ausbeute: 8 Portionen

ZUTAT

4 Unzen Einfacher Frischkäse

4 Unzen Chevre

Frische Kräuter – nach Geschmack

RICHTUNGEN:

Wenn Sie Ihre eigenen Kräuter verwenden, sind Rosmarin, Estragon und Bohnenkraut eine gute Wahl, allein oder in Kombination.

Verwenden Sie den Aufstrich zum Füllen von Schnee- oder Zuckererbsen, als Aufstrich für Gurken- oder Zucchinischeiben, süße Mehlkekse, Wasserkekse oder leicht geröstete Mini-Bagels.

RINDFLEISCH

49. Mein klassisches Beef Jerky

Ausbeute: ¾ Pfund

Vorbereitungszeit: 15 Minuten plus über Nacht

Kochzeit: 5 bis 8 Stunden

ZUTATEN

1½ Pfund mageres Rindfleisch

2 Tassen weißer Essig

Klassische Rinderlake

¼ Tasse Sojasauce

⅓ Tasse Worcestershire-Sauce

1 Esslöffel Barbecue-Sauce

½ Teelöffel Pfeffer

½ Teelöffel Salz

½ Teelöffel Zwiebel

½ Teelöffel Knoblauch

RICHTUNGEN

1. Rindfleisch in ¼-Zoll-Scheiben schneiden.

2. Behandeln Sie die Rindfleischscheiben in einer mittelgroßen Schüssel 10 Minuten lang mit dem weißen Essig vor. Den weißen Essig abgießen und wegwerfen.

3. Geben Sie die abgetropften Rindfleischscheiben und die Zutaten für die Salzlake in einen 1-Gallonen-Reißverschlussbeutel. Gegebenenfalls Wasser hinzufügen, um das Fleisch vollständig zu bedecken. Über Nacht im Kühlschrank einweichen.

4. Am nächsten Tag die Salzlake abgießen, das Fleisch so auslegen, dass sich die Stücke nicht berühren, und bei 160 °F für 5 bis 8 Stunden dehydrieren, bis es knusprig, aber biegsam ist.

Teriyaki-Salzlake: Verwenden Sie für eine asiatische Note diese Zutaten für die Salzlake: ⅔ Tasse Teriyaki-Sauce, 1 Esslöffel Sojasauce, ½ Tasse Wasser oder Ananassaft, ½ Teelöffel Zwiebelpulver, ½ Teelöffel frischer Knoblauch, ½ Teelöffel Salz und ½ Teelöffel Pfeffer .

Würzige Cajun-Salzlake: Wenn Sie es scharf mögen, probieren Sie eine Cajun-Salzlake: ½ Tasse Balsamico-Essig, ⅓ Tasse Worcestersauce, ⅓ Tasse Wasser, 1 Esslöffel Melasse, 1 Esslöffel Cajun-Gewürz, 1 Teelöffel geräuchertes Paprikapulver, ½ Teelöffel Salz, ½ Teelöffel Pfeffer, und ¼ Teelöffel Cayennepfefferpulver.

50. Rindersteak Jerky

Ausbeute: ¾ Pfund

Vorbereitungszeit: 15 Minuten plus über Nacht

Kochzeit: 5 bis 8 Stunden

ZUTATEN

1½ Pfund mageres Rindfleisch

2 Tassen weißer Essig

Rindersteak Sole

¼ Tasse Balsamico-Essig

1/3 Tasse Worcestershire-Sauce

1 Esslöffel Melasse

1 Esslöffel Steak-Gewürzmischung (siehe Rezept unten)

1 Teelöffel frischer Knoblauch

1 Teelöffel Zwiebelpulver

RICHTUNGEN

1. Rindfleisch in ¼-Zoll-Scheiben schneiden.

2. Behandeln Sie die Rindfleischscheiben in einer mittelgroßen Schüssel 10 Minuten lang mit dem weißen Essig vor. Den weißen Essig abgießen und wegwerfen.

3. Geben Sie die abgetropften Rindfleischscheiben und die Zutaten für die Salzlake in einen 1-Gallonen-Reißverschlussbeutel. Gegebenenfalls Wasser hinzufügen, um das Fleisch vollständig zu bedecken. Über Nacht im Kühlschrank einweichen.

4. Am nächsten Tag die Salzlake abgießen, das Fleisch so auslegen, dass sich die Stücke nicht berühren, und bei 160 °F für 5 bis 8 Stunden dehydrieren, bis es knusprig, aber biegsam ist.

SUPPE

51. Blumenkohlsuppe

Ausbeute: 6 Tassen

Vorbereitungszeit: 40 Minuten

Kochzeit: 15 Minuten

ZUTATEN

2 Tassen getrockneter Blumenkohl

$\frac{1}{8}$ Tasse dehydrierte Zwiebel

$\frac{1}{8}$ Tasse getrockneter Sellerie

2 Scheiben getrockneter Knoblauch

$2\frac{1}{2}$ Tassen Wasser

$\frac{1}{8}$ Tasse Quinoa

4 Tassen Gemüsebrühe

Pfeffer, nach Geschmack

Salz, nach Geschmack

würzen, nach Geschmack

RICHTUNGEN

1. Blumenkohl, Zwiebel, Sellerie und Knoblauch in eine große Schüssel geben und mit $2\frac{1}{2}$ Tassen kochendem Wasser bedecken. Etwa 30 Minuten einweichen, bis das Gemüse fast rehydriert ist. Einweichflüssigkeit abgießen und wegwerfen.

2. In einem großen Topf Gemüse, Quinoa, Gemüsebrühe, Salz, Pfeffer und Gewürze nach Geschmack hinzufügen. Bei mittlerer Hitze 15 Minuten kochen, bis Blumenkohl und Quinoa weich und vollständig gekocht sind.

3. Vom Herd nehmen und kleine Chargen zum Mischen in einen Mixer geben. Seien Sie vorsichtig – es wird sehr heiß. 45 bis 60 Sekunden lang mixen, bis alles glatt ist.

52. Spargelsuppe

Ausbeute: 6 Tassen

Vorbereitungszeit: 10 Minuten

Kochzeit: 20 Minuten

ZUTATEN

2 Tassen dehydrierter Spargel

1 Tasse Wasser

2 Esslöffel Butter oder natives Olivenöl extra

½ Teelöffel getrockneter Basilikum oder 10 frische Basilikumblätter, gehackt

4 Tassen Hühnerbrühe oder Brühe

Salz und Pfeffer, nach Geschmack

RICHTUNGEN

1. Spargel und Wasser in einen Topf geben und bei mittlerer Hitze 5 bis 10 Minuten köcheln lassen, bis die Spargelstücke prall sind. Spargelflüssigkeit abgießen und aufbewahren.

2. Spargel, Butter und Basilikum bei mittlerer Hitze in einen Suppentopf geben, bis die Butter geschmolzen ist, etwa 1 Minute lang.

3. Geben Sie die Hühnerbrühe und das Spargelwasser in den Suppentopf und bringen Sie die Hitze auf eine hohe Stufe, bis

die Mischung zum Kochen kommt. Hitze reduzieren und 10 Minuten köcheln lassen. Vom Herd nehmen und ca. 5 Minuten abkühlen.

4. Gießen Sie die warme Suppe in kleinen Portionen in einen Mixer und pürieren Sie sie bis zur gewünschten Konsistenz. Geben Sie nach dem Pürieren kleine Portionen in eine große Schüssel, um sie getrennt zu halten. Ich mag es, ein paar Mixer-Chargen mit größeren Stücken aufzubewahren, damit die Suppe Textur hat.

5. Geben Sie die Mischung in den Suppentopf zurück und fügen Sie nach Geschmack Salz und Pfeffer hinzu.

53. Thermos-Gemüsesuppe

Ausbeute: 2 Tassen

Vorbereitungszeit: 5 Minuten

Kochzeit: 4 Stunden

ZUTATEN

⅓ Tasse getrocknetes Gemüse

¼ Teelöffel getrocknete Petersilie

¼ Teelöffel getrockneter süßer Basilikum

Prise Knoblauchpulver

Zwiebelpulver zugeben

Salz und Pfeffer, nach Geschmack

1 Esslöffel Spaghetti, in kleine Stücke gebrochen

2 Tassen kochende Hühner- oder Rinderbrühe

RICHTUNGEN

1. Füllen Sie eine leere Thermoskanne mit kochendem Wasser. Kurz bevor Sie die Zutaten in die Thermoskanne packen, gießen Sie das heiße Wasser aus.

2. Getrocknetes Gemüse, Petersilie, Basilikum, Knoblauchpulver, Zwiebelpulver, Salz, Pfeffer und Nudeln in die Thermoskanne geben.

3. Die Hühner- oder Rinderbrühe zum Kochen bringen und über die trockenen Zutaten gießen. Decken Sie die Thermoskanne schnell ab und schließen Sie sie sicher. Wenn möglich, schütteln oder drehen Sie die Thermoskanne stündlich bis zum Verzehr.

DEHYDRIERTE CHIPS

54. Süßkartoffelchips

Ausbeute: 6 Tassen

Vorbereitungszeit: 15 Minuten

Kochzeit: 4 bis 8 Stunden

ZUTATEN

4 große Süßkartoffeln

RICHTUNGEN

1. Kartoffeln schälen oder für einen zusätzlichen Nährwert die Schale dran lassen.

2. Schneiden Sie jede Kartoffel mit einer Mandoline in $\frac{1}{8}$ Zoll dicke Scheiben.

3. Die Rundungen in einen großen Topf mit kochendem Wasser geben und ca. 10 Minuten kochen, bis sie gerade noch weich sind. Flüssigkeit abgießen und verwerfen. Überkochen Sie nicht; sie sollten ihre Form behalten, wenn sie gehandhabt werden.

4. Nasse Süßkartoffelscheiben auf Dörrschalen legen. Sie sollten sich nicht berühren.

5. Streuen Sie Salz und Gewürze auf die Chipsrunden (optional).

6. Bei 125°F 4 bis 8 Stunden trocknen, bis die Pommes knusprig und die Mitte fertig sind.

55. Grünkohlchips

Ausbeute: 2 Tassen

Vorbereitungszeit: 5 Minuten

Kochzeit: 4 bis 6 Stunden

ZUTATEN

1 Bund Grünkohl, Stiele entfernt

1 EL Olivenöl oder Apfelessig

nach Belieben würzen

RICHTUNGEN

1. Schneiden Sie die Grünkohlblätter in 2- bis 3-Zoll-Streifen.

2. Bürsten Sie den Grünkohl leicht mit Olivenöl oder verwenden Sie Apfelessig als fettarme Alternative zu Öl. Das gibt dem Gewürz etwas, woran es sich festhalten kann.

3. Bestreuen Sie den Grünkohl mit Gewürzen Ihrer Wahl.

4. Legen Sie den gewürzten Grünkohl auf Dörrschalen und trocknen Sie ihn 4 bis 6 Stunden lang bei 125 °F, bis er knusprig ist.

56. Zucchini Chips

Ausbeute: 5 Tassen

Vorbereitungszeit: 15 Minuten

Kochzeit: 10 bis 12 Stunden

ZUTATEN

4 mittelgroße Zucchinikürbisse

¼ Tasse Apfelessig

Salz, nach Geschmack

Pfeffer, nach Geschmack

Chilipulver nach Geschmack

RICHTUNGEN

1. Schneiden Sie die Zucchini in ¼ Zoll dicke Scheiben. Für eine gleichmäßige Trocknung ist es am besten, die Dicke gleich zu halten. Experimentieren Sie mit der Verwendung einer Schneideklinge mit Faltenschnitt, die Rippen in den Chips erzeugt; Die Grate geben den Gewürzen mehr Platz zum Greifen.

2. Apfelessig, Salz, Pfeffer und Chilipulver in eine nicht reaktive Schüssel mit breitem Boden geben. Rühren, bis es eingearbeitet ist.

3. Eine Handvoll rohe Chips in die Schüssel geben und schwenken, bis sie gerade mit der Essig-Gewürz-Mischung

überzogen sind. Trennen Sie alle zusammenklebenden Stücke und achten Sie darauf, dass alle Zucchinischeiben mit den Gewürzen überzogen sind.

4. Ordnen Sie die Chips auf Dörrschalen an. Sie können sich berühren, sollten sich aber nicht überlappen.

5. Trocknen bei 135°F für 10 bis 12 Stunden. Wenn Sie einen Dehydrator mit Unterhitze haben, müssen Sie die Schalen möglicherweise nach der Hälfte des Trocknungszyklus neu anordnen. Schieben Sie nach 5 Stunden die oberen Schalen nach unten, damit die Chips gleichmäßig getrocknet werden.

57. Dehydrierte Kühlschrankgurken

Ausbeute: 1 Pint

Vorbereitungszeit: 5 Minuten

Kochzeit: Mindestens 24 Stunden Wartezeit

ZUTATEN

1 Tasse Essig

1 Tasse Wasser

$1\frac{1}{2}$ Esslöffel Pökelsalz oder koscheres Salz

1 Knoblauchzehe, zerdrückt

$\frac{1}{4}$ Teelöffel Dillsamen

$\frac{1}{8}$ Teelöffel Paprikaflocken

$1\frac{1}{2}$ Tassen dehydrierte Gurkenscheiben oder -stangen

RICHTUNGEN

1. Um die Sole zuzubereiten, vermische Essig, Wasser und Salz in einem kleinen Topf bei starker Hitze. Zum Kochen bringen, dann sofort herausnehmen und abkühlen lassen.

2. Knoblauch, Dillsamen, Paprikaflocken und dehydrierte Gurkenscheiben in ein kleines Einmachglas geben.

3. Gießen Sie die abgekühlte Salzlake über die Gurken und füllen Sie das Glas bis auf 1,25 cm von der Oberseite. Möglicherweise verwenden Sie nicht die gesamte Sole.

4. Kühlen Sie für mindestens 24 Stunden vor dem Essen. Die Gurken werden prall und werden über Nacht auf magische Weise zu Gurken.

58. Prosciutto-Chips

ZUTATEN

12 (1 Unze) Scheiben Schinken

Öl

RICHTUNGEN:

Ofen auf 350 ° F vorheizen.

Legen Sie ein Backblech mit Pergamentpapier aus und legen Sie die Schinkenscheiben in einer einzigen Schicht darauf. 12 Minuten backen oder bis der Prosciutto knusprig ist.

Vor dem Essen vollständig abkühlen lassen.

59. Rübenchips

ZUTAT

10 mittelgroße Rote Bete

1/2 Tasse Avocadoöl

2 Teelöffel Meersalz

1/2 Teelöffel granulierter Knoblauch

RICHTUNGEN:

Ofen auf 350 ° F vorheizen. Ein paar Backbleche mit Pergamentpapier auslegen und beiseite stellen.

Rote Bete mit einem Gemüsehobel schälen und Enden abschneiden. Rote Bete mit einem Gemüsehobel oder einem scharfen Messer vorsichtig in etwa 3 mm dicke Scheiben schneiden.

Geschnittene Rüben in eine große Schüssel geben und Öl, Salz und granulierten Knoblauch hinzufügen. Werfen, um jede Scheibe zu beschichten. 20 Minuten beiseite stellen, damit das Salz überschüssige Feuchtigkeit herausziehen kann.

Überschüssige Flüssigkeit abgießen und geschnittene Rüben in einer Schicht auf vorbereiteten Backblechen anrichten. 45 Minuten backen oder bis sie knusprig sind.

Aus dem Ofen nehmen und abkühlen lassen. Bis zum Verzehr bis zu 1 Woche in einem luftdichten Behälter aufbewahren.

60. Gerstenchips

ZUTAT

1 Tasse Allzweckmehl

½ Tasse Gerstenmehl

½ Tasse gerollte Gerste (Gerste Flocken)

2 Esslöffel Zucker

¼ Teelöffel Salz

8 EL (1 Stick) Butter bzw Margarine, aufgeweicht

½ Tasse Milch

RICHTUNGEN:

In einer großen Schüssel oder in der Küchenmaschine Mehl, Gerste, Zucker und Salz verrühren.

Schneiden Sie die Butter hinein, bis die Mischung grobem Mehl ähnelt. Fügen Sie genug Milch hinzu, um einen Teig zu bilden, der in einer zusammenhängenden Kugel zusammenhält.

Den Teig zum Ausrollen in 2 gleiche Portionen teilen. Auf einer bemehlten Fläche oder einem Küchentuch auf ⅛ bis ¼ Zoll ausrollen. In 2-Zoll-Kreise oder -Quadrate schneiden und auf ein leicht gefettetes oder mit Pergament ausgelegtes Backblech legen. Jeden Cracker mit den Zinken einer Gabel an 2 oder 3 Stellen einstechen.

20 bis 25 Minuten backen oder bis sie mittelbraun sind. Auf einem Kuchengitter abkühlen.

61. Cheddar-Mexi-Melt-Chips

ZUTAT

1 Tasse geriebenen, scharfen Cheddar Käse

1/8 Teelöffel granulierter Knoblauch

1/8 Teelöffel Chilipulver

1/8 Teelöffel gemahlener Kreuzkümmel

1/16 Teelöffel Cayennepfeffer

1 Esslöffel fein gehackter Koriander

1 Teelöffel Olivenöl

RICHTUNGEN:

Ofen auf 350 ° F vorheizen. Bereiten Sie ein Backblech mit Pergamentpapier oder einer Silpat-Matte vor.

Mischen Sie alle Zutaten in einer mittelgroßen Schüssel, bis sie gut vermischt sind.

Tropfen Sie esslöffelgroße Portionen auf das vorbereitete Backblech.

5-7 Minuten backen, bis die Ränder anfangen zu bräunen.

Lassen Sie es 2-3 Minuten abkühlen, bevor Sie es mit einem Spatel vom Backblech lösen.

62. Peperoni-Chips

ZUTAT

24 Scheiben zuckerfreie Peperoni

Öl

RICHTUNGEN:

Ofen auf 425 ° F vorheizen.

Legen Sie ein Backblech mit Pergamentpapier aus und legen Sie die Peperoni-Scheiben in einer einzigen Schicht aus.

10 Minuten backen und dann aus dem Ofen nehmen und überschüssiges Fett mit einem Papiertuch abtupfen. Kehren Sie für weitere 5 Minuten in den Ofen zurück oder bis die Peperoni knusprig sind.

63. Engel Chips

ZUTAT

½ Tasse) Zucker

½ Tasse brauner Zucker

1 Tasse Verkürzung

1 Ei

1 Teelöffel Vanille

1 Teelöffel Weinstein

2 Tassen Mehl

½ Teelöffel Salz

1 Teelöffel Backpulver

RICHTUNGEN:

Sahnezucker, brauner Zucker und Backfett. Vanille und Ei zugeben. Mischen, bis es flaumig ist. Fügen Sie die trockenen Zutaten hinzu; Mischung.

Teelöffelweise zu Kugeln rollen. Tauchen Sie in Wasser und dann in Kristallzucker. Mit der Zuckerseite nach oben auf das Backblech legen und mit einem Glas flach drücken.

10 Minuten bei 350 Grad backen.

64. Chips-Saté mit Hähnchenhaut

ZUTAT

Haut von 3 großen Hähnchenschenkeln

2 Esslöffel stückige Erdnussbutter ohne Zuckerzusatz

1 Esslöffel ungesüßte Kokoscreme

1 Teelöffel Kokosöl

1 Teelöffel entkernter und gehackter Jalapeño-Pfeffer

1/4 Knoblauchzehe, gehackt

1 Teelöffel Kokosaminos

RICHTUNGEN:

Ofen auf 350 ° F vorheizen. Auf einem mit Pergamentpapier ausgelegten Backblech die Häute so flach wie möglich auslegen.

12-15 Minuten backen, bis die Haut hellbraun und knusprig wird, dabei darauf achten, dass sie nicht verbrennt.

Häute vom Backblech entfernen und zum Abkühlen auf ein Papiertuch legen.

In einer kleinen Küchenmaschine Erdnussbutter, Kokoscreme, Kokosöl, Jalapeño, Knoblauch und Kokosaminos hinzufügen. Mischen, bis alles gut vermischt ist, etwa 30 Sekunden.

Jede knusprige Hähnchenhaut in 2 Stücke schneiden.

1 Esslöffel Erdnusssauce auf jeden Hähnchenchip geben und sofort servieren. Wenn die Sauce zu flüssig ist, kühle sie 2 Stunden vor der Verwendung.

65. Hühnerhaut mit Avocado

ZUTAT

Haut von 3 großen Hähnchenschenkeln

$1/4$ Mittelgroße Avocado, geschält und entkernt

3 Esslöffel vollfette saure Sahne

$1/2$ mittelgroße Jalapeño-Pfeffer, entkernt und fein gehackt

$1/2$ Teelöffel Meersalz

RICHTUNGEN:

Ofen auf 350 ° F vorheizen. Auf einem mit Pergamentpapier ausgelegten Backblech die Häute so flach wie möglich auslegen.

12-15 Minuten backen, bis die Haut hellbraun und knusprig wird, dabei darauf achten, dass sie nicht verbrennt.

Häute vom Backblech entfernen und zum Abkühlen auf ein Papiertuch legen.

Avocado, Sauerrahm, Jalapeño und Salz in einer kleinen Schüssel vermischen.

Mit einer Gabel mischen, bis alles gut vermischt ist.

Jede knusprige Hähnchenhaut in 2 Stücke schneiden.

1 Esslöffel Avocado-Mix auf jeden Hähnchenchip geben und sofort servieren.

66. Parmesan-Gemüse-Chips

ZUTAT

³/4 Tasse zerkleinerte Zucchini

¹/4 Tasse zerkleinerte Karotten

2 Tassen frisch geriebener Parmesankäse

1 Esslöffel Olivenöl

¹/4 Teelöffel schwarzer Pfeffer

RICHTUNGEN:

Ofen auf 375°F vorheizen. Bereiten Sie ein Backblech mit Pergamentpapier oder einer Silpat-Matte vor.

Wickeln Sie zerkleinertes Gemüse in ein Papiertuch und wringen Sie überschüssige Feuchtigkeit aus.

Mischen Sie alle Zutaten in einer mittelgroßen Schüssel, bis sie sich gründlich vermischt haben.

Legen Sie esslöffelgroße Hügel auf das vorbereitete Backblech.

7-10 Minuten backen, bis sie leicht gebräunt sind.

2-3 Minuten abkühlen lassen und vom Backblech nehmen.

67. Kürbiskuchen-Kokos-Chips

ZUTAT

2 Esslöffel Kokosöl

$1/2$ Teelöffel Vanilleextrakt

$1/2$ Teelöffel Kürbiskuchengewürz

1 Esslöffel granuliertes Erythrit

2 Tassen ungesüßte Kokosflocken

$1/8$ Teelöffel Salz

RICHTUNGEN:

Ofen auf 350 ° F vorheizen.

Geben Sie Kokosöl in eine mittelgroße mikrowellengeeignete Schüssel und erhitzen Sie es etwa 20 Sekunden lang, bis es geschmolzen ist. Vanilleextrakt, Kürbiskuchengewürz und granuliertes Erythritol zum Kokosöl geben und umrühren, bis alles vermischt ist.

Geben Sie die Kokosflocken in eine mittelgroße Schüssel, gießen Sie die Kokosölmischung darüber und schwenken Sie sie zum Überziehen. In einer einzigen Schicht auf einem Backblech verteilen und mit Salz bestreuen.

5 Minuten backen oder bis die Kokosnuss knusprig ist.

68. Hähnchenhautchips alfredo

ZUTAT

Haut von 3 großen Hähnchenschenkeln
2 Esslöffel Ricotta-Käse
2 Esslöffel Frischkäse
1 Esslöffel geriebener Parmesankäse
$1/4$ Knoblauchzehe, gehackt
$1/4$ Teelöffel gemahlener weißer Pfeffer

RICHTUNGEN:

Ofen auf 350 ° F vorheizen. Auf einem mit Pergamentpapier ausgelegten Backblech die Häute so flach wie möglich auslegen.

12-15 Minuten backen, bis die Haut hellbraun und knusprig wird, dabei darauf achten, dass sie nicht verbrennt.

Häute vom Backblech entfernen und zum Abkühlen auf ein Papiertuch legen.

In einer kleinen Schüssel Käse, Knoblauch und Pfeffer hinzufügen. Mit einer Gabel mischen, bis alles gut vermischt ist.

Jede knusprige Hähnchenhaut in 2 Stücke schneiden.

1 Esslöffel Käsemischung auf jeden Hähnchenchip geben und sofort servieren.

GEMÜSE

69. Süßkartoffel-Kokosmehl-Pfannkuchen

Ausbeute: 6 mittelgroße Pfannkuchen

Vorbereitungszeit: 5 Minuten

Kochzeit: 2 bis 4 Minuten

ZUTATEN

5 Eier

$\frac{1}{4}$ Tasse Milch

$\frac{1}{2}$ Teelöffel Vanilleextrakt

$\frac{1}{2}$ Tasse ungesüßtes Apfelmus

$\frac{1}{4}$ Tasse Kokosmehl

$\frac{1}{4}$ Tasse Süßkartoffelmehl

1 Esslöffel Kristallzucker oder Honig

$\frac{1}{4}$ Teelöffel Backpulver

gemahlener Zimt, nach Geschmack

$\frac{1}{4}$ Teelöffel Salz

RICHTUNGEN

1. Eine Grillplatte oder große Pfanne bei mittlerer Hitze vorheizen.

2. In einer großen Schüssel Eier, Milch, Vanille und Apfelmus verquirlen, bis alles vermischt ist.

3. In einer mittelgroßen Schüssel Kokosmehl, Süßkartoffelmehl, Zucker oder Honig, Backpulver, Zimt und Salz verquirlen, bis alles gut vermischt ist.

4. Trockene Zutaten zu nassen Zutaten hinzufügen. Mit einer Gabel umrühren, bis sich die Zutaten gut verbunden haben und keine Klumpen zurückbleiben.

5. Geben Sie den Teig löffelweise, etwa $\frac{1}{4}$ Tasse auf einmal, auf die heiße Grillplatte. 2 bis 4 Minuten pro Seite backen, bis sich oben kleine Bläschen bilden, dann wenden.

6. Warm mit Ihren Lieblings-Pfannkuchen-Toppings servieren.

70. Gefüllte Kohlrouladen aus dem Slow Cooker

Ausbeute: 8 bis 12 Rollen

Vorbereitungszeit: 20 Minuten

Kochzeit: 8 bis 10 Stunden

ZUTATEN

8 bis 12 dehydrierte Kohlblätter

¼ Tasse dehydrierte Zwiebelwürfel

⅔ Tasse Tomatenpulver

1 Esslöffel brauner Zucker (optional)

1 Teelöffel Worcestersauce (optional)

1 Tasse gekochter weißer Reis

1 Ei, geschlagen

1 Pfund extra mageres Hackfleisch

1 Teelöffel Salz, plus mehr nach Geschmack

1 Teelöffel Pfeffer, plus mehr nach Geschmack

RICHTUNGEN

1. Einen großen Topf mit Wasser zum Kochen bringen. Dehydrierte Kohlblätter hinzufügen und 2 bis 3 Minuten kochen, bis sie weich sind. Abgießen und beiseite stellen.

2. In einer kleinen Schüssel Zwiebelwürfel mit heißem Wasser bedecken, um sie zu rehydrieren, etwa 15 Minuten lang.

3. Für die Tomatensauce das Tomatenpulver in eine mittelgroße Schüssel geben. Gießen Sie langsam 2 Tassen kochendes Wasser ein und schlagen Sie gut um, um die Stücke zu reduzieren. Braunen Zucker und gegebenenfalls Worcestershire-Sauce unterrühren. Beiseite legen.

4. Kombinieren Sie in einer großen Schüssel gekochten Reis, Ei, Hackfleisch, Zwiebel, 2 Esslöffel Tomatensauce, Salz und Pfeffer. Mit einem Löffel umrühren oder mit sauberen Händen hineindrücken und zerdrücken.

5. Geben Sie etwa $\frac{1}{4}$ Tasse der Mischung in jedes Kohlblatt, rollen Sie es auf und stecken Sie die Enden hinein. Legen Sie die Rollen in den Slow Cooker.

6. Gießen Sie die restliche Tomatensauce über die Kohlrouladen. Abdecken und auf niedriger Stufe 8 bis 10 Stunden garen.

71. Sautierter Winterkürbis mit Äpfeln

Ausbeute: 2 Tassen

Vorbereitungszeit: 1 Stunde

Kochzeit: 10 Minuten

ZUTATEN

1 Tasse dehydrierte Winterkürbiswürfel

½ Tasse dehydrierte Zwiebel

½ Tasse dehydrierter Apfel

2 Esslöffel Butter

½ Teelöffel Selleriesalz

½ Teelöffel Knoblauchpulver

½ Teelöffel Thymian

Salz, nach Geschmack

Pfeffer, nach Geschmack

RICHTUNGEN

1. Dehydrierte Kürbiswürfel und Zwiebel in eine große Schüssel geben und mit 2 Tassen warmem Wasser bedecken. 1 Stunde einweichen. Restliches Wasser abgießen.

2. Rehydrieren Sie den Apfel, indem Sie ihn in eine separate Schüssel geben und 1 Stunde lang mit kaltem Wasser bedecken.

3. Die Butter in einem großen Topf bei mittlerer Hitze schmelzen.

4. Den Kürbis, die Zwiebel und das Selleriesalz in den Topf geben und gelegentlich umrühren, bis der Kürbis zu bräunen beginnt, etwa 5 Minuten lang.

5. Fügen Sie das Knoblauchpulver und den Apfel hinzu und kochen Sie, bis die Äpfel weich sind, etwa 2 Minuten.

6. Thymian, Salz und Pfeffer nach Geschmack hinzufügen.

72. Dehydrierte Winterkürbisnester

Ausbeute: 10 bis 15 Kürbisnester

Vorbereitungszeit: 30 Minuten

Kochzeit: 4 bis 6 Stunden

ZUTATEN

1 großer Winterkürbis, geschält und entkernt

RICHTUNGEN

1. Wenn Sie einen Spiralschneider verwenden, schneiden Sie den Kürbis in handliche Stücke und zerkleinern Sie den Kürbis in lange Stränge. Wenn Sie keinen Spiralschneider haben, ziehen Sie einen Gemüseschäler über den Kürbis und machen Sie dünne, breite, nudelähnliche Scheiben oder verwenden Sie einen Julienne-Schäler, um Spaghetti-ähnliche Stränge zu erhalten.

2. Nicht alle Teile werden sich in einem langen Abschnitt spiralförmig drehen, also trennen Sie die Teile, die dies tun, indem Sie sie vom Stapel entfernen.

3. Legen Sie die langen Stränge in Dörrschalen und arrangieren Sie sie in einem Nest, indem Sie jedes Stück auf sich selbst stapeln. Legen Sie die kleineren Stücke in kleinen Handvoll auf die Dörrschalen, um Nester zu bilden, 5 oder 6 Stapel auf einer Schale.

4. 2 Stunden bei 140°F trocknen, Hitze auf 130°F herunterschalten und weitere 2 bis 4 Stunden trocknen, bis die Stücke spröde sind.

73. Knoblauchkreolisch gewürzte Kürbisnester

Ausbeute: 10 Nester

Vorbereitungszeit: 35 Minuten

Kochzeit: 5 Minuten

ZUTATEN

10 dehydrierte Winterkürbisnester (Seite 117) oder 2 Tassen getrocknete Kürbisschnitzel

⅓ Tasse Allzweckmehl

2 Knoblauchzehen, gehackt

2 große Eier, geschlagen

1 Esslöffel kreolische Gewürzmischung

2 Esslöffel Olivenöl

10 Teelöffel Cheddar-Käse

RICHTUNGEN

1. Rehydrieren Sie die Kürbisnester teilweise, indem Sie sie 30 Minuten lang in heißem Wasser einweichen. Einweichflüssigkeit abgießen und wegwerfen.

2. In einer großen Schüssel Mehl, Knoblauch, Eier und kreolische Gewürze mischen. Tauchen Sie die Butternusskürbisnester in die Eimischung und achten Sie darauf, dass die Nester nicht auseinanderbrechen.

3. Olivenöl in einer großen Pfanne bei mittlerer bis hoher Hitze erhitzen.

4. Schöpfen Sie 1 Nest für jede Portion aus. In die Pfanne geben und den Kürbis mit einem Pfannenwender flach drücken, dann kochen, bis die Unterseite goldbraun ist, etwa 2 Minuten.

5. Wenden und auf der anderen Seite etwa 2 Minuten länger braten.

6. Jedes Nest mit 1 Teelöffel Cheddar-Käse belegen und sofort servieren.

74. Fajita-Bohnen und Reis

Ausbeute: 1 Pint Glas trocken; 6 Tassen gekocht

Vorbereitungszeit: 35 Minuten

Kochzeit: 20 bis 25 Minuten

ZUTATEN

1 Tasse schneller brauner Reis

2 Tassen Schnellkochbohnen

¼ Tasse dehydrierte süße Paprika

¼ Tasse dehydrierte Zwiebel

¼ Tasse dehydrierte Karotte

¼ Tasse Tomatenpulver

¼ Teelöffel getrockneter Knoblauch

1 Teelöffel Chilipulver

½ Teelöffel Salz

½ Teelöffel Paprika

½ Teelöffel brauner Zucker

¼ Teelöffel schwarzer Pfeffer

¼ Teelöffel Oregano

¼ Teelöffel Kreuzkümmel

$\frac{1}{8}$ Teelöffel Cayennepfeffer

RICHTUNGEN

1. Geben Sie alle Zutaten in ein 1-Pint-Weithalsglas oder einen Mylar-Beutel. Fügen Sie einen 100-ml-Sauerstoffabsorber hinzu und verschließen Sie ihn fest. Bis zu 5 Jahre lagern.

2. Zum Servieren das Sauerstoffpäckchen entfernen und den Inhalt des Glases in eine große Pfanne leeren. Mit 6 Tassen Wasser bedecken und bei starker Hitze zum Kochen bringen. Hitze auf mittlere Stufe reduzieren, abdecken und 15 bis 20 Minuten köcheln lassen, dabei gelegentlich umrühren, bis die Bohnen gar sind.

3. Nach Geschmack mit geriebenem Käse garnieren.

75. Blumenkohl-Pizzakruste mit Reis

Ausbeute: 2 (8 Zoll) Krusten

Vorbereitungszeit: 40 Minuten

Kochzeit: 15 bis 20 Minuten

ZUTATEN

1 Tasse getrockneter Blumenkohl

4 Tassen Wasser

2 Eier

2 Tassen geriebener Parmesankäse

RICHTUNGEN:

1. Backofen auf 400 ° F vorheizen.

2. Blumenkohl in eine große Schüssel geben, mit 4 Tassen heißem Wasser bedecken und 20 Minuten einweichen. Einweichflüssigkeit abgießen und wegwerfen.

3. Zerkleinern Sie den rehydrierten Blumenkohl von Hand oder mit einer Küchenmaschine, bis die Stücke klein und gleichmäßig groß sind.

4. Kochen Sie den geriebenen Blumenkohl in einer Pfanne bei mittlerer Hitze. Rühren, bis der Blumenkohl trocken und die Feuchtigkeit entfernt ist.

5. Den Blumenkohl beiseite stellen und abkühlen lassen. Es kann schneller abkühlen, wenn es aus der Pfanne genommen wird.

6. In einer separaten Schüssel die Eier verquirlen. Parmesankäse untermischen.

7. Gekühlten Blumenkohl in die Schüssel geben und umrühren, bis alles vollständig vermischt ist.

8. Teilen Sie die Mischung auf Pergamentpapier in 2 gleiche Portionen. Arbeiten Sie jedes Stück in einen 8-Zoll-Kreis, etwa $\frac{1}{4}$ Zoll dick. Lassen Sie mehr von der Mischung an den Rändern, damit die Runden gleichmäßig garen und die Ränder nicht anbrennen.

9. Schieben Sie das Pergamentpapier auf ein Backblech und backen Sie es bei 400 °F, bis die Rundungen gebräunt und fest sind, etwa 15 bis 20 Minuten.

76. Hash Brown Mix in einem Glas

Die Zutaten separat trocknen und kombinieren. Dieses Rezept ergibt 1 Glas mit 2 Mahlzeiten.

Ausbeute: 1 Pint Glas trocken; 2 Tassen gekocht

Vorbereitungszeit: 10 bis 15 Minuten

Kochzeit: 10 bis 15 Minuten

ZUTATEN

2 Tassen dehydrierte Kartoffelschnitzel

½ Tasse getrocknete Zwiebel

½ Tasse getrockneter Paprika

¼ Tasse getrockneter gehackter Knoblauch

1 Teelöffel Pflanzenöl

RICHTUNGEN:

1. Mischen Sie die Kartoffelschnitzel, die getrockneten Zwiebeln, die getrocknete Paprika und den getrockneten, gehackten Knoblauch in einer großen Schüssel. In ein Einmachglas oder eine Mylar-Tasche geben. Fügen Sie einen 100-ml-Sauerstoffabsorber hinzu und verschließen Sie ihn fest. Bis zu 5 Jahre lagern.

2. Zur Zubereitung 1 Tasse des Inhalts des Glases in eine Schüssel leeren und 10 bis 15 Minuten mit kochendem Wasser

bedecken, bis es prall ist. Abseihen und ausdrücken, um überschüssiges Wasser zu entfernen.

3. Öl in einer Pfanne bei mittlerer Hitze erhitzen.

4. Die Kartoffelmischung in die Pfanne geben und beim Braten vorsichtig zu einer dünnen, gleichmäßigen Schicht drücken.

5. Braten Sie alles sehr knusprig und bräunen Sie jede Seite etwa 3 Minuten lang.

77. Schneller brauner Reis

Ausbeute: 2 Tassen dehydrierter Reis;

ZUTATEN

3½ Tassen gekochter Reis

Vorbereitungszeit: 5 bis 7 Stunden

Kochzeit: 17 Minuten

RICHTUNGEN:

1. Kochen Sie 2 Tassen normalen braunen Reis gemäß den Anweisungen auf der Packung; Stellen Sie sicher, dass die gesamte Flüssigkeit absorbiert wird.

2. Decken Sie Ihre Dörrschalen mit Pergamentpapier oder Paraflexx-Einlagen ab und verteilen Sie den gekochten Reis in einer einzigen Schicht. Bei 125°F für 5 bis 7 Stunden dehydrieren. Brechen Sie in der Mitte des Trocknungsprozesses zusammenklebenden Reis auf und drehen Sie die Schalen. Wenn der Reis vollständig trocken ist, sollte er klicken, wenn er auf eine Tischplatte fällt.

3. Zum Rehydrieren 1 Tasse getrockneten Reis abmessen, in einen Topf geben und mit ¾ Tasse Wasser bedecken. 5 Minuten einweichen, um mit der Rehydrierung zu beginnen, dann zum Kochen bringen und 2 Minuten kochen lassen. Vom Herd nehmen, abdecken und 10 Minuten ruhen lassen. Mit einer Gabel auflockern.

78. Schnelle Kochbohnen

Ausbeute: 3 Tassen

Vorbereitungszeit: 10 Minuten plus 8 Stunden

Kochzeit: 8 bis 10 Stunden

ZUTATEN

4 Tassen trockene Bohnen

RICHTUNGEN:

1. Getrocknete Bohnen über Nacht einweichen. Wasser verwerfen.

2. Nach mindestens 8 Stunden Einweichen die Bohnen in einen großen Topf geben, mit Wasser bedecken und zum Kochen bringen. Hitze reduzieren und 10 Minuten köcheln lassen. Abfluss.

3. Verteilen Sie die teilweise gekochten Bohnen in einer einzigen Schicht auf Dörrblechen und verarbeiten Sie sie 8 bis 10 Stunden lang zwischen 95 ° F und 100 ° F. Sie werden hart, wenn sie trocken sind.

4. In Einmachgläsern mit 100-ml-Sauerstoffabsorbern aufbewahren oder Sauerstoff mit einem FoodSaver-Aufsatz entfernen. Die Haltbarkeit beträgt 5 Jahre.

Zum Rehydrieren: 1 Tasse getrocknete Bohnen und 2 Tassen Wasser 5 Minuten lang in einem Topf einweichen. 10 Minuten zum Kochen bringen. Nicht abdecken.

79. Gebackene Bohnen von Mrs. B

Ausbeute: 3 Tassen

Vorbereitungszeit: 15 Minuten

Kochzeit: 10 Minuten

ZUTATEN

1 Tasse Schnellkochbohnen (Seite 123)

2 Tassen Wasser

$\frac{1}{4}$ Tasse dehydrierte gehackte Zwiebel

2 Teelöffel Senf

$\frac{1}{8}$ Tasse verpackter brauner Zucker oder nach Geschmack

1 Teelöffel Worcestershire-Sauce

RICHTUNGEN:

1. Rehydrieren Sie die Quick Cook Beans, indem Sie die Bohnen 5 Minuten lang mit 2 Tassen Wasser in einem Topf einweichen. 10 Minuten zum Kochen bringen. Nicht abdecken.

2. Fügen Sie die restlichen Zutaten hinzu. Rühren, bis sich der braune Zucker aufgelöst hat.

3. Hitze auf mittlere Stufe reduzieren und weitere 5 Minuten köcheln lassen, bis die Bohnen weich sind und sich Sauce bildet. Fügen Sie bei Bedarf zusätzliches Wasser in Schritten von 1 Teelöffel hinzu.

80. Mexikanischer Fiesta-Auflauf

Ausbeute: 1 (2½-Quart) Auflaufform

Vorbereitungszeit: 45 Minuten

Kochzeit: 15 Minuten

ZUTATEN

1 Tasse getrocknete Tomaten

1 Tasse frische oder dehydrierte Korianderblätter

½ Tasse dehydrierter, gewürfelter grüner Pfeffer

½ Tasse dehydrierte Maiskörner

¼ Tasse Tomatenpulver

2 frische Jalapeño-Paprikaschoten

2 Tassen Hackfleisch

1 Teelöffel Knoblauch

1 Limette, entsaftet

6 Maistortillas, in 1-Zoll-Quadrate geschnitten

1 Tasse Cheddar-Käse

RICHTUNGEN

1. Backofen auf 350 ° F vorheizen.

2. Geben Sie die dehydrierten Tomaten in eine kleine Schüssel und bedecken Sie sie 30 Minuten lang mit 2 Tassen kaltem Wasser oder bis sie prall und weich sind. Abgießen und in mundgerechte Stücke schneiden.

3. Geben Sie die Korianderblätter, die gewürfelte grüne Paprika und den Mais in eine kleine Schüssel und fügen Sie genügend kühles Wasser hinzu, um sie zu bedecken. 10 bis 15 Minuten einweichen lassen oder bis die Paprikaschoten prall sind. Abfluss.

4. Um Tomatensauce zu machen, fügen Sie langsam 12 Unzen heißes Wasser zu $\frac{1}{4}$ Tasse Tomatenpulver hinzu. Mischen, bis glatt. Beiseite legen.

5. 2 frische Jalapeño-Paprikaschoten putzen, entkernen und würfeln.

6. Braten Sie das Hackfleisch in einer großen Pfanne, bis es vollständig gebräunt ist.

7. Tomatensauce, Knoblauch, Limettensaft, Tomate, Koriander, grüne Paprika, Mais, Tortillas und Jalapeño zum Hackfleisch geben. Rühren und erhitzen.

8. In eine $2\frac{1}{2}$-Liter-Auflaufform geben und mit Käse bestreuen.

9. 15 Minuten backen, bis der Käse sprudelt.

GETRÄNK

81. Hagebutten-Minze-Tee

Ausbeute: 1 Tasse

Vorbereitungszeit: 0 Minuten

Ziehzeit: 10 bis 15 Minuten

ZUTATEN

1 Teelöffel getrocknete Hagebutten

1 Teelöffel getrocknete grüne Minze oder Pfefferminze

1 Tasse Wasser

RICHTUNGEN:

1. Minze und Hagebutten in eine French Press oder Teekanne geben und mit 1 Tasse heißem Wasser aufgießen. Einige Teekocher mahlen ihre Hagebutten, bevor sie sie verwenden, aber das ist wirklich nicht notwendig.

2. Abdecken und 10 bis 15 Minuten ziehen lassen. Je länger Sie ziehen lassen, desto intensiver werden Geschmack und Farbe.

82. Orangen-Minze-Tee-Mischung

Ausbeute: 1 Tasse

Vorbereitungszeit: 5 Minuten plus Ruhezeit

Ziehzeit: 10 Minuten

ZUTATEN

2 Esslöffel getrocknete, gehackte Minze

2 Esslöffel getrocknete Orange

3 oder 4 ganze Nelken (optional)

RICHTUNGEN:

1. Messen Sie die trockenen Zutaten in eine Kaffeemühle oder einen Mörser und Stößel und verarbeiten Sie sie, bis sie zu gleichmäßigen Stücken vermischt sind. In ein Glas mit festem Deckel geben und den Geschmack einige Tage lang entfalten lassen.

2. Geben Sie 1 Teelöffel Orangen-Minz-Teemischung in ein Tee-Ei, eine Teekanne oder eine French Press. Abdecken und 10 Minuten ziehen lassen. Daraus ergibt sich auch ein erfrischender Eistee.

83. Zitronenverbene Sonnentee

Ausbeute: 1 Liter

Vorbereitungszeit: 0 Minuten

Einwirkzeit: mehrere Stunden

ZUTATEN

1 Handvoll getrocknete Blätter der Zitronenverbene

1 Liter Wasser

RICHTUNGEN:

1. Zerdrücke eine Handvoll getrocknete Blätter und gib sie in ein großes Glasgefäß.

2. Blätter mit 1 Liter Wasser bedecken und das Glas mehrere Stunden in der Sonne stehen lassen.

3. Die Blätter abseihen und Eis hinzufügen, um ein erfrischendes Getränk zu genießen.

84. Limonade mit dehydrierten Zitrusfrüchten

Ausbeute: 5 Liter

Vorbereitungszeit: 0 Minuten

Kochzeit: 3 Stunden Ruhezeit

ZUTATEN

1 Tasse Zucker

5 Liter Wasser

15 Stück dehydrierte Zitrusrunden

RICHTUNGEN:

1. Fügen Sie den Zucker zu 5 Liter Wasser hinzu und rühren Sie, bis er sich aufgelöst hat.

2. Zitrusstücke hinzugeben und umrühren.

3. Fügen Sie Eis hinzu, um die Rinde unter Wasser zu halten. Lassen Sie es mindestens 3 Stunden ruhen.

4. Umrühren und mit einigen der rehydrierten Zitrusrunden als Garnitur in Gläser gießen.

DESSERT

85. Apfel-Crisp mit Hafer-Topping

Ausbeute: 1 (8 × 8 Zoll) Glaspfanne

Vorbereitungszeit: 35 Minuten

Kochzeit: 30 Minuten

ZUTATEN

3 Tassen dehydrierte Apfelscheiben

¾ Tasse Zucker, geteilt

2 Esslöffel Maisstärke

½ Tasse Mehl

½ Tasse Hafer

Prise Salz

⅛ Teelöffel gemahlener Zimt und mehr nach Geschmack

½ Stange kalte Butter

RICHTUNGEN

1. Ofen auf 375°F vorheizen. Bereiten Sie eine 8 × 8-Zoll-Glaspfanne mit Kochspray vor.

2. Legen Sie die Apfelscheiben in eine Schüssel und fügen Sie gerade genug heißes Wasser hinzu, um sie zu bedecken. 30 Minuten ruhen lassen. Flüssigkeit abgießen und auffangen.

3. Werfen Sie die rehydrierten Äpfel mit ½ Tasse Zucker und Zimt nach Geschmack.

4. Mischen Sie in einem Messbecher Maisstärke und 2 Esslöffel kaltes Wasser, bis sie vollständig eingearbeitet sind und keine Klumpen mehr vorhanden sind.

5. Die Äpfel und die aufgefangene Flüssigkeit in einen mittelgroßen Topf geben und 5 Minuten köcheln lassen. Die Maisstärkeaufschlämmung hinzufügen und erhitzen, bis die Mischung eindickt. Wenn die Äpfel zu trocken aussehen, fügen Sie jeweils 1 Esslöffel Flüssigkeit hinzu, bis Sie die gewünschte Konsistenz erreicht haben.

6. Die Äpfel in die vorbereitete Pfanne geben und nach unten drücken, sodass die Äpfel mit der Soße bedeckt sind.

7. Für den Belag Mehl, Haferflocken, restlichen Zucker, Salz und ⅛ Teelöffel Zimt in eine kleine Schüssel geben. Mit einem Teigmixer oder einer Küchenmaschine die kalte Butter in die trockenen Zutaten schneiden, bis die Mischung groben Krümeln ähnelt.

8. Gießen Sie das Topping über die Apfelfüllung und verteilen Sie es gleichmäßig, bis es alle Ecken erreicht. 30 Minuten backen, bis der Belag goldbraun ist und die Füllung Blasen wirft.

86. Fettarmer Ananaskuchen

Ausbeute: 1 (8 × 8 Zoll) Kuchen

Vorbereitungszeit: 25 Minuten

Kochzeit: 25 bis 30 Minuten

ZUTATEN

4 Tassen dehydrierte Ananas

2 Tassen Wasser

2¼ Tassen Allzweckmehl

1 Tasse Kristallzucker

2 Teelöffel Backpulver

Prise Salz

2 Teelöffel Vanilleextrakt

2 Eier

1 (3,5 Unzen) Packung zuckerfreier Instant-Vanillepudding

1½ Tassen fettfreie Schlagsahne

RICHTUNGEN

1. Backofen auf 350 ° F vorheizen. Fetten und bemehlen Sie eine 8 × 8-Zoll-Auflaufform.

2. Die dehydrierte Ananas in einem Plastikbeutel mit Reißverschluss mit einem Nudelholz zerkleinern oder in einer

Küchenmaschine pulsieren. Ananas sollte in Stücken sein, nicht pulverisiert. Reservieren Sie 2 Tassen.

3. Den Rest der zerkleinerten Ananas in eine kleine Schüssel geben und 15 bis 20 Minuten lang vollständig mit 2 Tassen kaltem Leitungswasser bedecken. Fügen Sie bei Bedarf mehr Wasser hinzu. Die Ananasflüssigkeit abgießen und aufbewahren.

4. In einer mittelgroßen Schüssel Mehl, Zucker, Natron und Salz verquirlen.

5. Vanilleextrakt und Eier in die kleine Schüssel mit rehydrierter Ananas geben und mischen.

6. Fügen Sie die feuchten Zutaten zu den trockenen hinzu und rühren Sie, bis sich ein Teig bildet.

7. Gießen Sie den Teig in die vorbereitete Auflaufform.

8. 25 bis 30 Minuten backen, bis der Kuchen goldbraun ist und ein Zahnstocher sauber herauskommt. Abkühlen lassen, bevor das Topping hinzugefügt wird.

9. Verquirlen Sie die 2 Tassen zerkleinerte Ananas, Ananasflüssigkeit und zuckerfreien Pudding, bis sie sich vermischen. Fügen Sie bei Bedarf zusätzliches Wasser in Schritten von 1 Teelöffel hinzu. Die Schlagsahne vorsichtig unterheben, bis sie eingearbeitet ist.

10. Belag auf dem Kuchen verteilen. Bis zum Servieren kalt stellen.

87. Kandierter Ingwer

Ausbeute: 8 Unzen kandierter Ingwer

Vorbereitungszeit: 40 Minuten plus 1 Stunde Konditionierungszeit

Kochzeit: 4 bis 6 Stunden

ZUTATEN

1 große (8 Unzen) Ingwerwurzel

4 Tassen Wasser

$2\frac{1}{4}$ Tassen Zucker, geteilt

RICHTUNGEN

1. Ingwerwurzel waschen und schälen. Schneiden Sie die Wurzel mit einer Mandoline in $\frac{1}{8}$-Zoll-Scheiben.

2. Geben Sie 4 Tassen Wasser und 2 Tassen Zucker in den Topf und rühren Sie um, bis sich der Zucker aufgelöst hat.

3. Die Ingwerstücke in den Topf geben und zum Kochen bringen.

4. Reduzieren Sie die Hitze auf ein Köcheln und kochen Sie für 30 Minuten, wobei Sie den Topf teilweise unbedeckt lassen, damit Dampf entweichen kann.

5. Die Ingwermischung abseihen und den Sirup in einem Einmachglas aufbewahren.

6. Legen Sie die Ingwerstücke eine Stunde lang auf ein Gestell oder ein Dörrblech, um sie zu konditionieren, bis sie klebrig, aber nicht nass sind.

7. Wenden Sie die Stücke in der restlichen $\frac{1}{4}$ Tasse Zucker, bis sie leicht überzogen sind. Sie können diesen Teil überspringen und den Zuckergehalt reduzieren; Sie schmecken immer noch süß aus dem einfachen Sirup.

8. Legen Sie die Ingwerscheiben auf das Dörrtablett und trocknen Sie sie bei 135 °F für 4 bis 6 Stunden oder bis die Stücke biegsam, aber innen nicht klebrig sind.

88. Haferflocken-Feigen-Kekse

Ausbeute: 2 Dutzend Kekse

Vorbereitungszeit: 10 Minuten plus 1 Stunde Kühlzeit

Kochzeit: 12 bis 14 Minuten

ZUTATEN

1½ Tassen Allzweckmehl

1 Teelöffel Backpulver

½ Teelöffel Salz

3 Tassen altmodische Haferflocken (für einen weicheren Keks die Hälfte der Haferflocken in einem Mixer verarbeiten, bis sie fein gemahlen sind)

1 Tasse Butter, auf Raumtemperatur aufgeweicht

1 Tasse verpackter brauner Zucker

½ Tasse Kristallzucker

2 Eier

1 Teelöffel Vanilleextrakt

1 Tasse rehydrierte Feigen, in Stücke geschnitten

RICHTUNGEN

1. Backofen auf 350 °F vorheizen. Backbleche mit Pergamentpapier auslegen.

2. In einer großen Schüssel Mehl, Backpulver und Salz verquirlen. Hafer unterrühren.

3. In einer anderen großen Schüssel Butter und Zucker mit einem Handmixer cremig schlagen. Eier und Vanille dazugeben, dann nochmals cremig aufschlagen.

4. Fügen Sie die Mehlmischung der Flüssigkeit hinzu und rühren Sie dann um, bis alles vermischt ist. Die rehydrierten Feigenstücke unterrühren.

5. Kühlen Sie den Teig für 1 Stunde oder über Nacht.

6. Legen Sie esslöffelgroße Kugeln auf die Backbleche und halten Sie die Kekse in einem Abstand von 2 Zoll voneinander. 12 bis 14 Minuten backen, bis die Kekse leicht gebräunt sind.

MARINADEN

89. Knoblauch-Ranch-Dressing

ZUTATEN:

1 Teelöffel Knoblauchpulver

2 Esslöffel Mayonnaise

2 Teelöffel Dijon-Senf

2 Esslöffel frischer Zitronensaft

Salz und frisch gemahlener schwarzer Pfeffer nach Geschmack

RICHTUNGEN

Alle Zutaten in einer Salatschüssel vermischen.

Mit einem Salat anrichten und servieren.

90. Dressing mit roten Zwiebeln und Koriander

ZUTATEN:

1 Teelöffel fein gehackte rote Zwiebel

$\frac{1}{2}$ Teelöffel fein gehackter kristallisierter Ingwer

1 Esslöffel blanchierte und gehobelte Mandeln

2 Teelöffel Sesam

$\frac{1}{4}$ Teelöffel Anissamen

1 Teelöffel gehackter frischer Koriander

$\frac{1}{8}$ Teelöffel Cayennepfeffer

1 Esslöffel Weißweinessig

1 Esslöffel natives Olivenöl extra

RICHTUNGEN

Kombinieren Sie in einer kleinen Schüssel Zwiebel, Ingwer, Mandeln, Sesamsamen, Anissamen, Koriander, Cayennepfeffer und Essig.

Rühren Sie das Olivenöl ein, bis alles gut vermischt ist.

91. Dilly-Ranch-Sahne-Dressing

ZUTATEN:

2 Esslöffel Mayonnaise

1 Esslöffel fein gehackter frischer Dill

1 Esslöffel Weißweinessig

1 Teelöffel Dijon-Senf

RICHTUNGEN

Alle Zutaten in einer Salatschüssel verrühren.

Mit Salat anrichten und servieren.

92. Heißes Cha-Cha-Dressing

ZUTATEN:

1 Esslöffel natives Olivenöl extra

1 Esslöffel Mayonnaise

2 Esslöffel milde oder scharfe Salsa

$\frac{1}{4}$ Teelöffel frisch gemahlener schwarzer Pfeffer

$\frac{1}{8}$ Teelöffel gemahlener Kreuzkümmel

1 Teelöffel Knoblauchpulver

$\frac{1}{4}$ Teelöffel Oregano

Cayenne nach Geschmack (optional)

Salz und frisch gemahlener schwarzer Pfeffer nach Geschmack

RICHTUNGEN

Alle Zutaten in einer kleinen Schüssel gründlich vermischen.

Abschmecken und Gewürze anpassen.

93. Vinaigrette nach Cajun-Art

ZUTATEN:

2 Esslöffel Rotweinessig

½ Teelöffel süßer Paprika

½ Teelöffel körniger Dijon-Senf

⅛ Teelöffel Cayennepfeffer oder nach Geschmack

⅛ Teelöffel (oder weniger) Zuckerersatz, optional oder nach Geschmack

2 Esslöffel natives Olivenöl extra

Salz und frisch gemahlener schwarzer Pfeffer nach Geschmack

RICHTUNGEN

Alle Zutaten in einer Salatschüssel verrühren. Abschmecken und Gewürze anpassen.

Blattsalat darüber schichten, schwenken und servieren.

94. Senf-Vinaigrette

ZUTATEN:

2 Esslöffel natives Olivenöl extra

2 Teelöffel körniger Senf

1 Esslöffel Knoblauchpulver

½ Teelöffel zubereiteter Meerrettich

2 Esslöffel Rotweinessig

¼ Teelöffel Zucker

Salz und frisch gemahlener schwarzer Pfeffer nach Geschmack

RICHTUNGEN

Alle Zutaten in einer Salatschüssel vermischen. Abschmecken und Gewürze anpassen.

Mit dem Blattsalat belegen und kurz vor dem Servieren schwenken.

95. Ingwer-Pfeffer-Vinaigrette

ZUTATEN:

1 Esslöffel Reisweinessig

$\frac{1}{4}$ Teelöffel Zucker

1 Knoblauchzehe, fein gehackt

$\frac{1}{2}$ Teelöffel fein gehackter frischer Ingwer

$\frac{1}{4}$ Teelöffel zerdrückte getrocknete scharfe Chilischoten

$\frac{1}{4}$ Teelöffel trockener Senf

$\frac{1}{4}$ Teelöffel Sesamöl

2 Esslöffel Pflanzenöl

RICHTUNGEN

Alle Zutaten in einer Salatschüssel vermischen. Abschmecken und Gewürze anpassen.

Mit Blattsalat belegen und kurz vor dem Servieren schwenken.

96. Zitrus-Vinaigrette

ZUTATEN:

1 Esslöffel frischer Zitronensaft

1 Esslöffel frischer Limettensaft

1 EL frischer Orangensaft

1 Teelöffel Reisweinessig

3 Esslöffel natives Olivenöl extra

½ Teelöffel Zucker

Salz und frisch gemahlener schwarzer Pfeffer nach Geschmack

RICHTUNGEN

Mischen Sie alle Zutaten in einer großen Salatschüssel. Salatblätter auf das Dressing schichten.

Kurz vor dem Servieren schwenken.

97. Weißer Pfeffer und Nelken-Rub

ZUTATEN:

¼ Tasse weiße Pfefferkörner

1 Esslöffel gemahlener Piment

1 EL gemahlener Zimt

1 EL gemahlenes Bohnenkraut

2 Esslöffel ganze Nelken

2 Esslöffel gemahlene Muskatnuss

2 Esslöffel Paprika

2 Esslöffel getrockneter Thymian

RICHTUNGEN

Kombinieren Sie alle Zutaten in einem Mixer oder einer Küchenmaschine.

In einem Glas mit dicht schließendem Deckel aufbewahren.

98. Chili-Dry-Rub

ZUTATEN:

3 Esslöffel Knoblauchpulver

3 Esslöffel Paprika

1 Esslöffel Chilipulver

2 Teelöffel Salz

1 Teelöffel frisch gemahlener schwarzer Pfeffer oder nach Geschmack

$\frac{1}{4}$ Teelöffel Cayennepfeffer

RICHTUNGEN

Mahlen Sie die Gewürzmischung in einer Küchenmaschine oder einem Mixer oder verwenden Sie einen Mörser und Stößel.

In einem Glas mit dicht schließendem Deckel aufbewahren.

99. Bourbon-Gewürzmischung

ZUTATEN:

2 Esslöffel Paprika

1 Esslöffel Cayennepfeffer

1 Esslöffel trockener Senf

2 Teelöffel Salz

2 Teelöffel frisch gemahlener schwarzer Pfeffer

2 Teelöffel Knoblauchpulver

2 Teelöffel gemahlener Salbei

1 Teelöffel weißer Pfeffer

1 Teelöffel Zwiebelpulver

1 Teelöffel gemahlener Kreuzkümmel

1 Teelöffel getrockneter Thymian

1 Teelöffel getrockneter Oregano

RICHTUNGEN

Mischen Sie alle Zutaten in einer kleinen Schüssel.

In einem Glas mit dicht schließendem Deckel aufbewahren.

100. Einfache Kräuteressig

Ausbeute: 1 Portion

ZUTAT

4 Zweige frischer Rosmarin

RICHTUNGEN:

Um Kräuteressig herzustellen, geben Sie gespülte und getrocknete Kräuter und alle Gewürze in eine sterilisierte 750-ml-Weinflasche und fügen Sie etwa 3 Tassen Essig hinzu und füllen Sie sie bis auf ¼ Zoll vom oberen Rand auf. Hören Sie mit einem neuen Korken auf und lassen Sie ihn 2 bis 3 Wochen ziehen. Der Essig ist mindestens 1 Jahr haltbar.

Verwenden Sie mit Rotweinessig: 4 Zweige frische Krausepetersilie, 2 Esslöffel schwarze Pfefferkörner

FAZIT

Das moderne Wiederaufleben dehydrierter Lebensmittel haben wir wahrscheinlich der Rucksacktouristen-Community zu verdanken. Ihre Nachfrage nach einfachen, leichten und nahrhaften Gerichten hat einen Bedarf an vorverpacktem Obst, Gemüse, Beilagen und Vollgerichten geschaffen, zusammen mit einem erneuten Interesse an Dörrmaschinen und anderen Mitteln zum Trocknen von Lebensmitteln. Diese neuen Convenience-Lebensmittel sind in jedem Lebensmittel- und Outdoor-Geschäft erhältlich und für ihre einfache Zubereitung und kurze Garzeit bekannt. Der Geschmack hat sich so sehr verbessert, dass Sie es als feines Abendessen bezeichnen würden. Moderne Prepper sind dieser Herausforderung einen Schritt weiter gegangen, indem sie gelernt haben, Lebensmittel für ein Jahr in ihrer eigenen vorbereiteten Speisekammer zu produzieren, zu lagern und zu rotieren.

In diesem Ratgeber lernen Sie die Grundlagen zum Dehydrieren von Obst, Gemüse und Protein; enthält detaillierte Informationen zum Trocknen von 50 Obst- und Gemüsesorten; und teilt einige bewährte und von der Familie geliebte Rezepte für den täglichen Gebrauch. Alles, was Sie brauchen, um zu lernen, Ihre eigene gesunde, haltbare Speisekammer zu lagern, ist enthalten.

www.ingramcontent.com/pod-product-compliance
Lightning Source LLC
Chambersburg PA
CBHW070653120526
44590CB00013BA/935